EL SUFRIMIENTO

¿POR QUÉ? y ¿PARA QUÉ?

Experiencia permitida por el Dios soberano, que demanda una respuesta sabia de los humanos.

Sobre el autor

El Dr. David Hormachea nació en Punta arenas, Chile. Tiene 57 años de ministerio, 51 años de matrimonio con Nancy, cuatro hijos y cuatro nietos. Es conferencista, escritor, consejero y pastor cristiano. A lo largo de su vida ministerial ha influenciado a miles de personas de congregaciones, familias y empresas al rededor del mundo a través de conferencias, programas de radio y televisión, libros y audiolibros, y de sus canales de difusión en internet por medio los cuales ofrece programación de contenidos basados en los principios de la Palabra de Dios. Ha publicado 22 libros, obtuvo su Maestría y Doctorado en Biola University, en California. Es fundador y presidente de la Corporación de ayuda a la familia "De regreso al hogar", del ministerio de exposición bíblica conocido como "Principios" y de la organización que lleva su nombre.

Después de enfrentar una crisis matrimonial, debido al dolor de los errores cometidos, y su determinación a mantener su relación conyugal hasta la muerte, el Dr. David Hormachea y su esposa Nancy decidieron no solo educarse para aprender a vivir en una relación conyugal saludable, sino, además, por el éxito de sus propios esfuerzos, decidieron prepararse para compartir sus experiencias, valores, y conocimientos aprendidos con otras familias en conflicto. Durante años han enseñado principios bíblicos que han ayudado a muchos a iniciar su camino de regreso al hogar.

EL SUFRIMIENTO

¿POR QUÉ? y ¿PARA QUÉ?

Experiencia permitida por el Dios soberano, que
demanda una respuesta sabia de los humanos.

DAVID HORMACHEA

EL SUFRIMIENTO, ¿POR QUÉ? Y ¿PARA QUÉ?
Experiencia permitida por el Dios soberano, que demanda una respuesta sabia de los humanos.
Autor: Dr. David Hormachea.

Edición revisada y publicada por:
Organización David Hormachea (ODH)
Copyright © 2025

Edición, diseño interior y de cubierta:
Departamento de imagen y comunicaciones ODH.

A menos que se indique lo contrario, el texto bíblico se tomó de la Santa Biblia Nueva Traducción Viviente.

www.davidhormachea.org
e-mail: contacto@davidhormachea.org
whatsapp: +57 3118452833

ISBN: 9798306894348

Dedicatoria

Dedicado a Johanna Vargas, compañera de ministerio, quien tuvo que pasar por el inevitable dolor y sufrimiento que provoca un divorcio. Con la ayuda de Dios y de nuestro ministerio, ha salido mejor de la experiencia dolorosa; es decir, desarrolló la resiliencia necesaria para mantenerse firme en su fe y con responsabilidad, sostener y criar a Marianita y Cristóbal bajo la disciplina y el temor de Dios. Por su gratitud y deseo de ayudar, orientando a quienes sufren, Johanna utiliza sus dones y talentos para que este ministerio cumpla con excelencia la labor que el Señor nos ha encomendado.

Dedicado a un compañero de ministerio y siervo que ha consagrado muchos años de su vida a servir y apoyar a nuestro ministerio. Fredy Patiño, su esposita Sandra y su hijo Lucas aman a su Maestro Jesucristo, quien fue experimentado en quebrantos y les dio la sabiduría y fortaleza para poder desarrollar resiliencia y pasar por el inolvidable dolor de la pérdida de su hijito y hermano Mateo; no solo pasaron por el dolor, sino que, además, por la gracia de Dios, salieron mejores de la difícil prueba. Hoy usan su tiempo, dinero y talentos para ser instrumentos de bendición a través de nuestro ministerio, para servir a miles de personas y consolar a otros con el mismo consuelo con el que ellos han sido consolados. Con un dedicado trabajo y constancia como padres, están comenzando a ver el fruto y hoy Lucas está próximo a casarse con su prometida Angie.

Johanna Vargas y Fredy Patiño son compañeros de milicia que han desarrollado resiliencia para no solo pasar por el sufrimiento, sino también para salir mejores de él; y por lo cual pueden cumplir con la razón que Dios tuvo para su existencia y servir al ministerio y a miles de personas, bíblicamente y con excelencia.

Contenido

Capítulo 1

EL SUFRIMIENTO, CURSO OBLIGATORIO DE LA UNIVERSIDAD DIVINA

"El sufrimiento es un curso obligatorio de la universidad divina. Nadie puede llegar a ser la mujer o el hombre que Dios ha diseñado sabiamente, sin pasar por los sufrimientos y pruebas que Él permite soberanamente."

Es hermoso mirar para atrás, y darse cuenta de la forma como Dios, con amor, nos ha sostenido en medio de todas las experiencias dolorosas. Igual que toda persona, mi vida no ha estado exenta de sufrimiento. He sufrido consecuencias de mis pecados, por los pecados de otros, y porque Dios ha querido guiarme y darme lecciones que de otra manera no habría aprendido. He sufrido por descuidos, errores y actos imprudentes. También he sufrido por tragedias naturales y errores espirituales. He sufrido por accidentes, enfermedades, pérdidas, pero Dios ha tenido propósitos maravillosos en las lecciones que me ha dado mientras me ha pasado por el fuego de la prueba.

También he sufrido por la muerte de seres queridos. El 17 de agosto de 1983, en el décimo aniversario de nuestra boda, inesperadamente, de un ataque al corazón, falleció en Chile el pastor Lino Hormachea, mi pastor y mi amado padre. Unas horas atrás habíamos llegado a los Estados Unidos con mi esposita y nuestros cuatro hijos cuando recibí la triste noticia. No tenía dinero para regresar; el huracán Alicia impedía los vuelos a Houston, y no podía dejar sola a mi esposita y cuatro pequeños hijos. Me arrodillé y lloré como niño; y me pregunté por qué ocurría tan seria tragedia; cómo podía morir un siervo de Dios, un padre amoroso, amante de Dios, de su esposita, de su familia, de la Palabra de Dios y de la congregación que pastoreaba. La verdad es que no estaba preparado para recibir esa noticia, pero Dios me sostuvo en medio de mi dolor. Nací el año 1951 cuando mi padre iniciaba su ministerio en la ciudad más austral y fría de Chile, la ciudad de Punta Arenas, frente al estrecho de Magallanes, y falleció el día que yo llegaba a los Estados Unidos para iniciar mis estudios teológicos.

Mi mamacita falleció el 1 de octubre de 2023 a los 95 años. Estaba con muy buena salud, pero unas caídas propiciaron un derrame cerebral que finalmente la llevó a los brazos de su Salvador, a quien amó con todo su corazón. Pidió que en su velorio cantaran el salmo 128 que dice: *"Bienaventurado todo aquel que teme a Jehová, que anda en sus caminos. 2 Cuando comas el trabajo de tus manos, bienaventurado serás y te irá bien. 3 Tu mujer será como vid que lleva fruto a los lados de tu casa; tus hijos, como plantas de olivo alrededor de tu mesa. 4 Así será bendecido el hombre que teme a Jehová. 5 ¡Bendígate Jehová desde Sión, y que veas el bien de Jerusalén todos los días de tu vida, 6 y que veas a los hijos de tus hijos! Y ¡La paz sea sobre Israel!"* Once hijos, 40 nietos, 41 bisnietos, 9 tataranietos y toda una vida llena de amor por Dios, la Palabra, su familia y las congregaciones en que sirvieron.

Me imagino que su vida no es diferente a la mía; y tal como yo me hice preguntas sobre el sufrimiento, seguramente usted también se las ha hecho. Si no ha encontrado respuestas, permítame decirle que yo sí las he encontrado; y con todo amor comparto las respuestas que he encontrado en la única regla de fe y conducta.

Una historia de sufrimiento: El dolor causado por otros.

Usted no sabe cuántas historias de dolor he escuchado. Usted no sabe cuánto he sufrido por mis pecados y mucho más por los pecados de otros. He escuchado miles de historias en mis muchos años de ministerio de consolación y para ilustrar lo que he enseñado, quisiera compartir una carta que expresa un profundo dolor; tal vez esta experiencia se asemeja a la que usted experimentó o que está experimentando:

"Dr. David le doy gracias a Dios por usted; por la visita que hizo a la Iglesia xxxx en la ciudad de xxxx; y porque me permitió volver a verle y sobre todo poder conversar con usted, ese día brevemente le conté algo de mi triste historia; perdone que lo moleste, yo sé que usted es una persona muy ocupada, pero espero que algún día pueda contestarme. Tengo treinta y siete años, a los cinco fui violada por el dueño de la casa donde vivíamos con mi madre, intenté decirle a ella lo que pasaba, pero nunca me creyó; al contrario, decía que yo provocaba lo que el hombre hacía porque yo era mala, así pasó el tiempo y por fin nos fuimos de aquel infierno, fui creciendo con una soledad impresionante, abandonada en las casas de las amigas de mi mamá. Ya que ella no quería hacerse cargo de mí, cuando cumplo 17 años conozco un hombre, y aburrida aun sin amarlo me voy a vivir con él de lo cual nace mi primera hija, este hombre queda sin trabajo un tiempo después, y me entrega nuevamente a donde mi mama yo no tenía un trabajo y mi mamá me encerró en una habitación sin comida, y le entregó la niña al papá diciéndole que yo me había ido con otro hombre cuando en realidad yo estaba encerrada; así perdí a mi primera hija; cuando pude escapar, el papá de la niña se había ido de la ciudad y la familia no me quiso decir a dónde. Empiezo a trabajar por días, luego a estudiar y cinco años después conozco a otro señor con el cual tuve dos hijos, una niña y un niño; las vivencias con este personaje fueron toda una tortura ya que este personaje tenía 16 hijos más de lo cual yo no tenía conocimiento, pero poco a poco fue saliendo a la luz toda la verdad; y el mismo día que me fui a traer al mundo a mi hijo, el hombre recogió lo poquito que teníamos y se fue a vivir con otra señora sin ni siquiera sacarme de la clínica, así tuve que comenzar de nuevo, ya que no tenía ni donde acostar a mis pequeños, empecé a trabajar nuevamente en casas de familia hasta que conseguí ropa ya que hasta eso se llevó el personaje, para este entonces vuelve a aparecer mi mamá en mi vida y me presta 2.000.000 (1200 dólares) para comprar ropa y enceres; yo me comprometo a pagarlos mensualmente con los intereses puestos por ella y su esposo, al llevar 2 años pagándole, yo había conseguido una casita por subsidio especial para mujeres cabeza de familia y estaba estudiando Contaduría; me presento a un puesto en una importante compañía; pero al hacer los exámenes de rigor me descubren cáncer de cuello uterino el cual se originó por el virus de papiloma humano transmitido por el padre de mis hijos, desolada pierdo mi empleo por mi enfermedad pero subsisto con mis hijos vendiendo empanadas, zapatos y trabajando por días; aparece mi querida madre y me embarga la casita y se lleva la ropa y la estufa como pago de toda la deuda sin importar las consignaciones que ya se le habían efectuado, durante todo eso iba a las quimioterapias y a las ionizaciones, bueno y los respectivos gajes de un cáncer en avance; es así como un día salgo a caminar y escucho en una iglesia un canto muy bonito y conozco que Dios existe, empiezo a asistir y el pastor comenzó a ayudarme, vino un médico me visitó y me dijo que si me implantaban un bebé yo podría salvarme; pues bueno, después de muchos trabajos me implantaron el bebé y Dios me salvó la vida para poder cuidar mis chicos, y así vuelvo a comenzar, he trabajado mucho, terminé mi carrera, Dios ha bendecido mi vida, nunca ha faltado el alimento. Estudié otra carrera y empecé a trabajar en ella, Dios me da gracia, por lo cual me va bien en mi trabajo; mis hijos crecieron conociendo a Cristo, pero mi hija de 20 años un día cuando salí a trabajar entró a su novio a la casa y se acostó con él; al decirle lo mal que estaba actuando y que yo no permitiría la fornicación en mi casa me gritó que se iba a vivir la vida y se marchó hasta el sol de hoy no recibo de ella ni una llamada, mi hijo tiene 17 años ha sido un niño problema desde siempre; lo echan de todos los colegios, crea discordia y problemas a donde va y es altanero e irrespetuoso, el niño probeta tiene 8 años y estoy tratando, como traté con los otros y Dios es testigo, de darle lo mejor de mí para que sea una persona de bien. Bueno esa es mi historia pastor pero la pregunta que quiero hacerle es ¿cuál es mi razón de existir? si solo he tenido amarguras en mi corazón, soledad, ya que no tengo familia, ahora tampoco hijos y mucho menos un esposo; nunca volví a tener ni esposo ni amigos ni nada, cuénteme ¿es pecado implorar a Dios por la muerte? soy la mamá de Eduardo el muchacho que le escribe, espero no molestarle por favor ayúdeme, no sé cómo hacer para que él reaccione y cambie de camino y yo la verdad estoy demasiado cansada para seguir luchando." (Carta recibida el día martes 5/6/2008 11:40 AM Título: Es mi historia)

Esta es una de las historias más conmovedoras que he escuchado en todos mis años de ministerio; por esa razón la escogí para ilustrar mis enseñanzas, y quise compartir toda la historia. El relato revela una combinación de algunas de las razones de nuestros sufrimientos; ilustra el sufrimiento que buscamos por nuestra ignorancia, el que elegimos por nuestra rebeldía, y también el que merecemos por nuestra pecaminosidad. La historia también ilustra el sufrimiento que vivimos como consecuencia de los pecados de otros.

Mi obligación ha sido estudiar cientos de historias de sufrimientos que me han comunicado, y que he experimentado, e investigar profundamente las Escrituras, para entregar la mejor respuesta posible. Mi investigación y la sabiduría de otros siervos de Dios, de quienes he aprendido, me han permitido elaborar este manual sobre cómo enfrentar el sufrimiento, que es parte de la vida de todo ser humano.

Principio para recordar:

"El sufrimiento no es un curso opcional para quienes están siendo educados en la universidad divina. Debido a que es un curso anunciado en el que Dios nos realizará exámenes complicados, debemos prepararnos bíblicamente para poder aprobarlo adecuadamente."

El sufrimiento es un curso obligatorio de la universidad divina. El título de mi introducción no es original, alguien lo dijo y me parece una verdad bien dicha, digna de no solo ser recordada, sino también de ser enseñada. Nadie puede escaparse de esta realidad, por lo que podemos decir que el sufrimiento humano es una experiencia anunciada, y un curso obligatorio de la universidad divina.

El problema del sufrimiento presenta un gran desafío al cristianismo, porque uno de los ataques más frecuentes que recibimos es ¿Cómo pueden creer en un Dios tan sádico que permite el sufrimiento? Pero sin duda es lógico que la gente se haga esta pregunta. Cada persona conoce su realidad, y por eso las respuestas que las personas tienen sobre sufrimiento son profundamente personales y evocan emociones fuertes. Pero la Biblia no entrega verdades que deben ser manejadas por nuestras emociones, sino que nos enseña que nuestras convicciones deben ser las reinas de nuestras emociones.

La Biblia ofrece ejemplos, enseñanzas, mandamientos y principios que revelan no solo el misterio del sufrimiento humano sino también la perspectiva eterna de Dios. En este libro quiero guiarle para que comprenda la revelación bíblica, para que comprenda que el sufrimiento no carece de propósito. Le guiaré bíblicamente para entender cómo Dios usa soberanamente las circunstancias para enseñar lecciones poderosas, que de otra manera no podemos aprender; y cómo las utiliza en ciertas ocasiones para que cumplamos su soberana voluntad.

Los cristianos enfrentamos muchos problemas, como todos los seres humanos. Tenemos sufrimiento por problemas mentales, físicos, emocionales o espirituales, y comprendemos que todos han sufrido, están sufriendo y sufrirán. El sufrimiento puede surgir cuando estamos actuando sabiamente, o debido a decisiones tontas; puede visitarnos cuando vivimos en santidad o elegimos la pecaminosidad; cuando somos proactivos y nos preparamos para evitarlo y enfrentarlo cuando viene; o cuando vivimos reactivos solo reaccionando cuando el sufrimiento llega.

El libro de Proverbios nos anticipa que los necios sufren daño (13:20), que los perezosos pasan hambre (19:15), que los adúlteros cosechan malas consecuencias (6:32), etc. El sufrimiento no carece de propósito; y revela nuestra realidad porque el carácter y la fe que ya están integrados en la vida de un cristiano antes de pasar por el sufrimiento, salen a la luz durante el sufrimiento.

Nadie está totalmente quebrantado por los sufrimientos como para que Dios no pueda utilizarlo. Nada nos obliga más a examinar nuestra realidad, evaluar nuestra fe, nuestro conocimiento y nuestra actitud como el sufrimiento. El sufrimiento nos obliga a mirar hacia adentro, a mirar a nuestro alrededor, a otras personas y a mirar a Dios.

Conclusión:

"Por medio del sufrimiento podemos convertirnos en mejores personas y meternos en los propósitos que Dios tiene. Saldremos mejores de todas las experiencias dolorosas, y comprenderemos el por qué nos encontramos sufriendo y para qué Dios permite lo que estamos viviendo. Dios nos entrega la sabiduría y el poder del Espíritu Santo, así como las herramientas y el conocimiento para que enfrentemos el sufrimiento con excelencia, y desarrollemos la necesaria resiliencia."

Capítulo 2

UNA SINCERA EVALUACIÓN: RAZONES DE NUESTROS SUFRIMIENTOS

"Para desarrollar una respuesta apropiada y bíblica frente al sufrimiento que experimentamos es esencial que examinemos sabiamente nuestra vida y las situaciones que enfrentamos, para determinar cuál es la razón verdadera del sufrimiento que experimentamos."

¿Sabía usted que Dios está trabajando cada día, en todo momento, en toda circunstancia? ¿Sabía que todo lo que Él permite lo autoriza para nuestro bien, y para que vayamos siendo formados a su imagen y semejanza?

Si no lo comprendía, ponga mucha atención a lo que escribe el apóstol Pablo: *"28 Y sabemos que Dios hace que todas las cosas cooperen para el bien de quienes lo aman y son llamados según el propósito que él tiene para ellos. 29 Pues Dios conoció a los suyos de antemano y los eligió para que llegaran a ser como su Hijo, a fin de que su Hijo fuera el hijo mayor entre muchos hermanos. 30 Después de haberlos elegido, Dios los llamó para que se acercaran a él; y una vez que los llamó, los puso en la relación correcta con él; y luego de ponerlos en la relación correcta con él, les dio su gloria."*

(Romanos 8:28-30)

Dios nos dice que todo es para nuestro bien. ¿Incluirá eso el sufrimiento? Dios responde que todo lo que Él permite es para nuestro bien porque Él está obrando en todas las cosas, para conformarnos a usted y a mí a la imagen de su Hijo. Y ¿Sabía

16

usted que nuestro Salvador aprendió obediencia en el sufrimiento? ¿Por qué nosotros no deberíamos aprender de la misma manera, si Dios nos está formando a la imagen de Jesús? Si usted dice, pero Él era el Hijo de Dios, y el escritor de Hebreos le responde: *"8 Aunque era Hijo de Dios, Jesús aprendió obediencia por las cosas que sufrió. 9 Sí Jesús fue hecho nuestro perfecto sumo sacerdote por su continua obediencia a través del sufrimiento."* (Hebreos 5:8-9)

En medio del sufrimiento, cuando pedimos a Dios que nos libre, Él está obrando para nuestro bien. Él no quiere simplemente sacarnos de nuestro sufrimiento; Él quiere cambiarnos a través de las experiencias dolorosas. Dios, en su infinita sabiduría, permite y trabaja para que todas las cosas, dolorosas, difíciles, desgarradoras, terminales y atroces, finalmente sean para nuestro bien, para que seamos más semejantes a Cristo. Si la meta divina fuera su comodidad inmediata y su felicidad temporal, entonces Dios ha fallado. Pero ese no es el objetivo que Dios tiene en mente. Dios está más preocupado por nuestra santidad que por nuestra comodidad. Su objetivo es nuestro carácter eterno, no nuestra comodidad temporal.

El 15 de febrero de 1947, Glenn Chambers abordó un avión con destino a Quito, Ecuador, para comenzar su ministerio en la radiodifusión misionera. Era un DOUGLAS DC 4 DE AVIANCA AIRLINES que viajaría de Barranquilla a Bogotá. Tristemente Glenn nunca llegó a su destino porque falleció en el avión que se estrelló en el Monte Tablazo. Murieron 53 pasajeros y tripulantes.

En un momento horrible, el avión que transportaba a Chambers se estrelló contra el pico de una montaña y descendió en espiral. Más tarde se supo que antes de salir del aeropuerto de Miami, Chambers quería escribirle una carta a su madre. Todo lo que pudo encontrar para hacerlo fue una página de publicidad de un periódico en la que había un buen espacio en blanco. En el centro de la página había una palabra con letras grandes y Glenn escribió alrededor de ella y la puso en un buzón de correo en el aeropuerto. Después de que la madre de Chambers se enteró de la muerte de su hijo, llegó su carta. Abrió el sobre, sacó el papel y lo desdobló. Frente a ella y en medio de las palabras de su hijo estaba la palabra que reflejaba su realidad. La palabra que había en el anuncio de publicidad era "¿POR QUÉ?" Sin duda es la pregunta que todos nos hacemos en las tragedias, y también la que lógicamente se hizo la madre de Glenn. Pensando en la dolorosa muerte y la partida del Maestro, sin duda, esa fue la pregunta que se hicieron los discípulos de Jesús cuando su Maestro fue arrestado, juzgado y crucificado.

La vida de todo ser humano incluye experiencias buenas y malas. La vida no es justa ni es fácil vivir sabiamente. Uno de los compañeros permanentes de toda la humanidad se llama sufrimiento, y no respeta edad, sexo, condición social ni nacionalidad.

La verdad es que todos sufriremos enfermedades, y diariamente vamos camino hacia la muerte. Alguien dijo que la muerte es una deuda que todos tenemos que pagar. Aunque tengamos salud; y aunque vivamos con tranquilidad, nos cuidemos y tengamos paz, la muerte nos asecha en cualquier lugar. Nuestro cuerpo es una tienda de campaña débil y destructible, que se va deteriorando rápidamente, para luego dar lugar a lo que la Biblia ilustra como un edificio, que permanecerá eternamente. Lo maravilloso es que esta extraordinaria salvación la recibimos en nuestro débil ser lleno de imperfecciones, un cuerpo limitado que se enferma y que va camino a la muerte. Dice el apóstol que tenemos este tesoro en vasos de barro, pero que nos espera una morada, un edificio, ya no una carpa, sino un edificio, no hecho por las manos del hombre.

Es sorprendente cuántos cristianos tienen una idea errónea de la vida, y muchos más tienen ideas equivocadas y sin fundamento bíblico con respecto al sufrimiento. No es extraño pues, que muchos tengan ideas sinceras, pero equivocadas, sobre aspectos de la vida, debido a diferentes razones, siendo la principal la ignorancia bíblica. Esta ignorancia es el resultado de la negativa a entrar en cursos sistemáticos de ética y principios bíblicos; y muchas veces, se debe a que el liderazgo de las congregaciones no se ha capacitado. Muchas congregaciones no ofrecen cursos bíblicos profesionales, sistemáticos, y que mencionen pasos prácticos para entregar conocimiento y herramientas a las personas para enfrentar sus problemas. Es por ello que muchos cristianos, cuando enfrentan el sufrimiento, se preguntan desesperados ¿por qué yo?, ¿por qué a mí?, ¿por qué Dios permite esto?, ¿por qué Dios permite el mal a buenas personas?

Las preguntas son lógicas, pero revelan la falta de conocimiento que tienen de Dios, la ignorancia con respecto a cómo Él opera, sus designios soberanos, el desconocimiento profundo, y la falta de aceptación de la realidad humana.

Principio para recordar: Sócrates dijo: "Una vida sin examinarse es una vida indigna de vivirse", y es una gran verdad. Pero más importante es la orden bíblica que entrega el apóstol Pablo al escribir "Así que tengan cuidado de cómo viven. No vivan como necios sino como sabios."

Mientras más estudio el tema del sufrimiento, y la respuesta que debemos tener, más me convenzo de que primero debemos preguntarnos el por qué estamos en una situación así. Preguntarnos no solo ¿por qué Dios lo permite?, sino ¿por qué estamos en una situación de sufrimiento? Recuerde que las razones pueden incluir nuestros pecados, nuestros errores, nuestras imprudencias, nuestra rebelión; o tal vez la rebelión, errores, pecados y fallas de otros. El por qué de nuestro sufrimiento puede ser por los desastres naturales, es decir, temporales, terremotos, etc. También pueden ser las pruebas y experiencias dolorosas provocadas por Dios. Para poder buscar la solución a nuestro sufrimiento debemos saber primero el por qué lo estamos experimentando; y luego debemos preguntarnos, ¿para qué? permite que suframos, o provoca nuestro sufrimiento, un Dios soberano que podría evitar todo sufrimiento.

Para hacer una buena evaluación nosotros somos los responsables de ser honestos y hacernos las preguntas más difíciles. Dios y nosotros somos los que mejor nos conocemos; y por ello, la admisión de nuestra realidad, la aceptación de nuestra responsabilidad, el admitir nuestros errores y pecados nos pone de acuerdo con Dios, quien es el único que conoce toda la verdad, y a quien no podemos engañar. Este primer paso es esencial. Si admitimos la realidad que vivimos y que Dios conoce, nos ponemos de acuerdo con Dios, y ese es el primer paso que nos permite comenzar a asumir nuestra responsabilidad, arrepentirnos, realizar cambios y obtener la ayuda divina. Para evaluar el por qué estamos en medio del sufrimiento, es importante que sinceramente contestemos estas importantes preguntas:

¿Es mi sufrimiento provocado por una catástrofe natural, enfermedad, o accidente?

El sufrimiento que una persona experimenta puede ser el resultado de tragedias naturales que afectan a justos e injustos. Podemos sufrir por pérdidas, producto de un accidente, terremotos, incendios, enfermedades, etc. Recuerde que el mundo es pecaminoso, y que tanto las personas buenas, como las malas, sufren. Recuerde que las tragedias son parte de toda sociedad, independientemente de la pecaminosidad que en ella exista. Es cierto que Dios disciplina, pero no todas las tragedias son producto de la disciplina divina, pues también existen tragedias naturales, producto de que vivimos en un mundo caído, en una naturaleza que fue afectada, y que espera con ansias la sanidad, que tiene dolores de parto, mientras espera que llegue el día de la redención de todas las cosas.

Aun para los cristianos puede ser difícil reconciliar todo el mal que ocurre en el mundo, con el amor de un Dios todopoderoso que tiene el poder para detenerlo si Él quiere, pero que decide no hacerlo. No tengo la intención de querer representar a Dios, pero sí tengo la intención de explicar bíblicamente lo que entiendo con respecto a lo que ocurre en medio de las tragedias.

Primero, debemos recordar que vivimos en un mundo caído. Debemos recordar que todo el mundo fue afectado por el pecado y que todos los seres humanos se enferman. Somos seres humanos débiles y cometemos errores, y producimos tragedias. Los seres humanos inteligentes cometemos errores y producimos incendios. Esta tierra caída no es perfecta, y por lo tanto existen maremotos, terremotos. Hay choferes irresponsables, que manejan borrachos; hay jóvenes irresponsables que manejan drogados, y chocan y producen muerte; y también hay personas con enfermedades mentales que eligen asesinar a otros. Pero Dios no nos ha dejado abandonados en este mundo de pecado; Él se ofrece como el Salvador y el Señor que puede acompañarnos y cuidarnos, y por la fe, librarnos de algunos sufrimientos; y por su gracia darnos el poder para que enfrentemos sabiamente sus designios soberanos. Dios ha determinado que exista la fe, pero la fe no siempre elimina las enfermedades o las tragedias.

Dios no permite que las enfermedades solo afecten a los pecadores. Fallamos los seres humanos, y existen tragedias para paganos y cristianos. La lluvia cae sobre justos y pecadores; y también la enfermedad y los desastres, porque son parte de un mundo, de una naturaleza caída.

Obviamente, no tenemos la capacidad de entender todo lo que Dios piensa, pero sí lo que Él quiere que comprendamos. Recuerde lo que vivió el mismo Jesucristo. Si nosotros hubiéramos vivido lo que vivió el Maestro; si hubiéramos sido maltratados, insultados, golpeados, y luego nos hubieran crucificado y asesinado, seguramente no entenderíamos lo que el Maestro entendió. Él entendió que todo ese proceso era necesario, y que traería frutos extraordinarios.

La Biblia dice que el castigo de nuestras faltas fue sobre Él, y que por sus llagas fuimos nosotros curados. Por sus heridas, por su sangre derramada, porque Él tomó nuestro lugar nosotros recibimos la oportunidad de creer en Él y ser salvos. Dios no ve la vida con los mismos ojos que la vemos nosotros. Pero Él siempre al final permite que el resultado sea lo mejor para nosotros. La gran diferencia es que Dios está con sus hijos en medio de las tragedias. La gran diferencia es que los que tenemos fe, y pasamos las mismas tragedias que los paganos, tenemos extraordinaria y poderosa compañía.

También debemos recordar que a menudo los seres humanos nos volvemos a Dios en medio de las tragedias; y Dios usa para nuestro bien final, aun las tragedias que provocamos, que elegimos, o que Él soberanamente provoca. Una de las más duras realidades de la naturaleza humana es que cuando estamos felices, saludables, cuando tenemos dinero y todo va bien, tendemos a olvidarnos de Dios. C. S. Lewis escribió: "Dios nos musita (susurra, murmura) en nuestros placeres, nos habla en nuestra conciencia, pero nos grita en nuestros dolores. Es su megáfono que levanta a un mundo sordo." Dios creó este mundo y sabe que en él existirán inundaciones, terremotos, sequías, incendios, etc.

Pablo dijo algo esencial en su discurso en Atenas: *24 Él es el Dios que hizo el mundo y todo lo que hay en él. Ya que es el*

Señor del cielo y de la tierra, no vive en templos hechos por hombres, 25 y las manos humanas no pueden servirlo, porque él no tiene ninguna necesidad. Él es quien da vida y aliento a todo y satisface cada necesidad. 26 De un solo hombre creó todas las naciones de toda la tierra. De antemano decidió cuándo se levantarían y cuándo caerían, y determinó los límites de cada una. 27 Su propósito era que las naciones buscaran a Dios y, quizá acercándose a tientas, lo encontraran; aunque él no está lejos de ninguno de nosotros. 28 Pues en él vivimos, nos movemos y existimos. (Hechos 17:24-28)

Cuando el sufrimiento y la tragedia nos acosan podemos unirnos; y como hijos de la misma familia, apoyarnos los unos a los otros y mostrar nuestro amor de manera práctica. Dios está con nosotros, Él conoce las tragedias, Él conoce nuestros errores, Él conoce las fallas de un mundo caído; y Él siempre estará con nosotros para ayudarnos a salir de toda experiencia difícil y dolorosa.

Las personas que se someten a Dios en medio de su sufrimiento entienden la diferencia entre lo que es posible cambiar y lo que es imposible controlar. Quienes actúan con prudencia, quienes buscan ayuda cuando la carga supera a su capacidad, quienes ponen su carga en Dios cuando la carga supera sus fuerzas y capacidad, de seguro recibirán la guía, protección y el poder de Dios para salir victoriosos.

Principio para recordar:

"Cuando las catástrofes naturales, o las enfermedades o accidentes llegan a nuestra vida, nuestro deber es asumir nuestra responsabilidad en todo lo que podemos cambiar o arreglar; y dejar lo imposible en las manos de quien, si así lo decide, hace posible lo imposible."

Dios es bueno, todo lo que hace es bueno; y nunca puede ser el autor del mal. El sufrimiento es un resultado directo del pecado que afectó a la creación y a la raza humana. El pecado de la humanidad abrió la puerta para que *"4 Satanás, quien es el dios de este mundo, ciegue la mente de los que no creen; y por ello son incapaces de ver la gloriosa luz de la Buena Noticia."* *(2 Corintios 4:4).*

Es cierto que a veces Dios se atribuye un crédito más directo por el sufrimiento, pues lo causa para enjuiciar a los malvados, o para llamarlos al arrepentimiento. Él disciplinó a su pueblo, permitió las plagas en Egipto; y aun planificó los juicios finales, que son revelados en Apocalipsis. Pablo afirma en Romanos que Dios provocó el sufrimiento de los hombres; y debido a la rebelión *"Entonces Dios los abandonó para que hicieran todas las cosas vergonzosas que deseaban en su corazón."* *(Romanos 1:24a)*

Como Dios nunca nos hace mal, no comete pecado, ni nos tienta, sea que Dios provoque intencionalmente, o permita una crisis por el pecado de otros, o permita una experiencia dolorosa en nuestras vidas, como dice Pablo, al final, a los hijos de Dios, todas las cosas les ayudan para bien.

Conclusión:

"Pese a nuestra santidad, Dios puede permitir un sufrimiento para enseñarnos sus propósitos y soberana voluntad. Dios tiene un buen propósito, aun cuando nosotros hemos elegido pecar; y si nos arrepentimos y cambiamos, aprendemos lecciones que Él soberanamente ha decidido enseñar."

Analicemos la segunda pregunta que debemos realizarnos como parte de esta importante evaluación:

¿Es mi sufrimiento producido por el pecado y las fallas de otros?

Este es un tipo de sufrimiento que no buscamos. Este es el tipo de sufrimiento que consideramos injusto porque no es producto de nuestros pecados, sino de las fallas y pecados de otros, que nos afectan por estar relacionados con ellos. Otras personas, que también son pecadoras, fallan y nos hieren. Dios también nos ha dado libre albedrío; y las personas, debido a su naturaleza pecaminosa cometen crímenes, roban, asaltan, y producen accidentes manejando ebrios. Dios no nos maneja como robots, obligados a cumplir su voluntad. Él nos ha dado la libertad de realizar decisiones, y algunas son inteligentes y hermosas, y otras son equivocadas y pecaminosas. Algunas son sabias y responsables, y otras necias e irresponsables.

Después de predicar un sermón en el coliseo de la Academia Alianza en Quito, Ecuador, se acercó una mujer para darme su testimonio. Fue abusada, contagiada con sida, y luego se dedicó a la prostitución y determinó hacer daño a los hombres por el daño que le habían hecho a ella. Ella vivió una cadena desastrosa de consecuencias, y produjo no solo más sufrimiento para ella, sino sufrimiento para otros.

Algunos padres, en vez de buscar su restauración, y aprender a vivir con sabiduría, por su ignorancia y rebelión también abusan de sus hijos, y esos niños inocentes sufren por el pecado de los padres. Como consecuencia del pecado cometido por otros, muchos se llenan de dolor, resentimiento y amargura; y no solo viven una vida triste, sino, además provocan dolor a los que les rodean.

Hay sufrimiento que no buscamos, y que es producido por el pecado de otros, y sin duda es una experiencia dura de vivir. Es duro para un padre vivir en angustia, sufrir enfermedades psicológicas, emocionales y aun físicas, por el dolor que produce el comportamiento pecaminoso y rebelde de hijos que cometen terribles pecados.

En mi libro CARTAS A MI AMIGA MALTRATADA utilizo un salmo que muestra la triste realidad de mujeres que sufren injustamente. Personas que no solo sufren por el mal que les hacen, sino porque quien les hace el mal es la persona que debería hacerles el más grande bien, un familiar cercano. Descubrí que el Salmo 55 expresa el mismo dolor de muchas mujeres que sufren por ambas razones, por no tomar decisiones correctas, y porque quienes dicen amarlas, en la realidad las odian. El salmo revela lo terrible de ser maltratada, y de sufrir con alguien que no solo es un familiar cercano, sino un familiar con quien buscaba tener una relación con Dios.

El salmista escribe: *" 1 Escucha mi oración, oh, Dios; ¡no pases por alto mi grito de auxilio!"*. Tal vez usted se encuentra en ese lugar experimentando mucho dolor; y siente como si el Dios que le ama estuviera escondido; pasando por alto sus clamores adoloridos. Si usted es una mujer maltratada, si usted es un hijo abusado, usted se encuentra precisamente en esa situación. Si usted es una esposa que está siendo ignorada; si usted está siendo maltratada, usted está allí, en esa situación. Tal vez cada día sufre maltratado, y no encuentra solución, y eso le lleva a creer que Dios se está escondiendo de usted y no está escuchando sus dolorosas súplicas. *El salmista agrega: "2 Por favor, escúchame y respóndeme, porque las dificultades me abruman 3 Mis enemigos me gritan; me lanzan perversas amenazas a viva voz. Me cargan de problemas y con rabia me persiguen. 4 Mi corazón late en el pecho con fuerza; me asalta el terror de la muerte. 5 El miedo y el temblor me abruman, y no puedo dejar de temblar."* Este salmo está reflejando el dolor de la persona que sufre por la maldad y el pecado de otros; y que está buscando la ayuda divina, pues desea desesperadamente salir del conflicto en que se encuentra. Ninguna persona puede permanecer en constante sufrimiento, y vivir saludablemente, cuando está siendo afectada por el pecado y la maldad de otros. Esta mujer se siente atrapada, tal como se siente la mujer maltratada, y experimentando el dolor que sufre un hombre insultado, o un niño abusado regularmente.

Observe estas palabras, que muestran su desesperación y deseos de huir del dolor que le causa el pecado de otros. *"6 Si tan solo tuviera alas como una paloma, ¡me iría volando y descansaría! 7 Volaría muy lejos, a la tranquilidad del desierto. 8 Qué rápido me escaparía, lejos de esta furiosa tormenta de odio."* Todos queremos que el sufrimiento termine, todos queremos saber cómo podemos salir del sufrimiento que provocan los malos que nos rodean. En medio del dolor somos motivados a tener deseos de venganza. Ese precisamente es el clamor que aparece en este salmo cuando dice, Señor haz algo, destrúyelos, *"Confúndelos, Señor, y frustra sus planes."*

El salmista luego menciona que no solo su hogar es un foco de violencia, sino que la maldad también es parte de la sociedad. Por eso nosotros también sufrimos y vivimos experiencias dolorosas, porque existe maldad en la sociedad. El crimen aumenta, existen secuestros, robos, asaltos, roban supermercados, incendian negocios, destruyen la propiedad privada, y muchos de estos criminales son motivados por políticos ateos, comunistas, que no creen en Dios ni en el pecado, que no creen que exista maldad; y que la forma de salir del sufrimiento es provocando el sufrimiento de otros.

El salmista describe la situación de la ciudad escribiendo: *"10Día y noche patrullan sus murallas para cuidarla de invasores, pero el verdadero peligro es la maldad que hay dentro de la ciudad. 11 Todo se viene abajo; las amenazas y el engaño abundan por las calles."*

Es así como se siente esta mujer en medio de la sociedad corrupta. La policía intenta cumplir su rol de cuidar de las personas, pero la maldad está dentro de la ciudad, es parte de la sociedad pecadora; y muchos salen afectados por el pecado de otros. Pero no solo existe el pecado dentro de la ciudad, no solo está presente el pecado que afecta a los ciudadanos en general, también existe pecado dentro de la familia, que afecta a sus miembros, y produce el más severo sufrimiento. El relato del salmista continua con estas palabras: *"12 No es un enemigo el que me hostiga; eso podría soportarlo. No son mis adversarios los que me insultan con tanta arrogancia; de ellos habría podido esconderme. 13 En cambio, eres tú, mi par, mi compañero y amigo íntimo. 14 ¡Cuánto compañerismo disfrutábamos cuando caminábamos juntos hacia la casa de Dios!*

Esta declaración demuestra el gran dolor de ser maltratada por quien debería amarla. El maltratador es alguien que asiste a la casa de Dios, el compañero, el amigo íntimo. ¿A dónde va una mujer maltratada cuando el maltrato procede de su misma familia? ¿A dónde va, a quién recurre una mujer divorciada que ha sido rechazada, que necesita amor, que necesita cariño, si cuando huye de quien la maltrata y busca cariño, compañerismo y protección, se le acercan otros hombres que solo están esperando una oportunidad para usarla sexualmente? Estos malvados solo se acercan para ofrecer un cariño que no tienen la intención de dar.

Esta mujer dice que aun podría soportar el maltrato de un extraño, pero es terrible que el pecado, la maldad, el maltrato, los insultos, las amenazas procedan del propio marido, su par, su compañero, que está lleno de arrogancia, y quien debería ser su amigo íntimo. El marido, la mujer, los hijos maltratados y violentados sufren un dolor indescriptible, que inocentemente experimentan debido al pecado de otros. No existe experiencia más dolorosa que sufrir por los pecados, la rebelión, la maldad de una persona que es parte de su familia, y que debería amar en vez de destruir. Este salmo de súplica, sin duda, describe la vida de muchas personas que se encuentran en medio del sufrimiento por el pecado de otros; y que buscan desesperadamente que Dios les ayude. No solo describe el dolor que experimentan, sino también las reacciones que tienen.

Sin duda la respuesta es refugiarse en el Señor. Así lo dice el salmista: *"16 Pero clamaré a Dios, y el Señor me rescatará. 17 Mañana, tarde y noche clamo en medio de mi angustia, y el Señor oye mi voz. 18 Él me rescata y me mantiene a salvo de la batalla que se libra en mi contra, aunque muchos todavía se me oponen. 19 Dios, quien siempre ha gobernado, me oirá y los humillará. Interludio Pues mis enemigos se niegan a cambiar de rumbo; no tienen temor de Dios."* (Salmo 55:16-19)

Todos estaremos rodeados de pecadores que nos producen sufrimiento, pero no todos hemos aprendido a vivir con sabiduría, y confrontar a esos pecadores. No todos hemos aprendido cómo confrontar la maldad para evitar los sufrimientos evitables. Es cierto que Dios nos rescata, que cuando clamamos en nuestra angustia Él oye nuestra voz; es cierto que Él nos rescata y nos mantiene a salvo porque Él es quien tiene control soberano, pero esto rara vez ocurre como producto de un milagro divino. Dios no anda matando enemigos. Dios no anda denunciando a los abusivos y a los abusadores, ni encerrando en cárceles a los violentos; son las mujeres, hijos, esposos maltratados y violentados quienes deben buscar apoyo de los líderes de las congregaciones, quienes deben denunciar para que persigan con todo el peso de la ley a los violentos.

Para evitar seguir sufriendo, quien está siendo maltratado debe evaluar su propia vida, para saber si no es cómplice de los sufrimientos que está experimentando. Es nuestro deber evaluar las razones de nuestro sufrimiento.

Nadie debe mantenerse humillado sufriendo la maldad de otros, todos debemos obtener las herramientas bíblicas y legales para confrontar todo tipo de abuso y violencia, si son la razón de nuestro sufrimiento.

Quien no ha tomado la determinación de ser un permanente observador de sus propias acciones y actitudes, no puede realizar cambios permanentes y sustanciales; y tampoco sabrá cómo evaluar los pecados de los otros, e identificarlos y confrontarlos.

Es un acto de irresponsabilidad vivir solo orando para que Dios corrija los dolorosos resultados de nuestros errores, si no tenemos la intención de buscar ayuda para enfrentarlos. Lo queramos a no, todos viviremos las consecuencias de las imprudencias, cuando por ignorancia o necedad, decidimos seguir cometiéndolas. Es un error vivir orando para que Dios cambie al jefe, al familiar, al marido, al novio abusador y violento, mientras la persona se cruza de brazos y no confronta la maldad con los principios bíblicos y su sana moralidad. Es un error vivir sufriendo por el pecado de otros, sin buscar orientación de consejeros bíblicos; es un error no orar pidiendo sabiduría divina para entender su responsabilidad, y no tomar la decisión de evaluarse, asegurarse que actúa bíblicamente, y confrontar la maldad responsablemente.

Conclusión:

"Todos cometemos errores, y producimos sufrimientos a otros. Todos sufriremos por causa de las fallas y pecados de otros, pero solo los sabios buscan dirección en la verdad divina, para saber cómo confrontar estas dolorosas fallas humanas."

Esta es la tercera pregunta que debe hacerse para realizar una sabia evaluación del por qué de nuestro sufrimiento:

¿Es mi sufrimiento permitido soberanamente por Dios con un propósito específico?

Si no descubre pecados que están produciendo dolor, si se ha asegurado de que no está viviendo consecuencias de pecados pasados, si ha investigado y ha concluido que su sufrimiento no es producto de errores y pecados de otros, de las tragedias naturales, o de las lógicas enfermedades humanas, entonces pregúntese: ¿Es Dios quien realmente está permitiendo soberanamente esta temporada de sufrimiento? ¿Está usando Dios esta temporada de sufrimiento con algún propósito específico? Por medio de las experiencias dolorosas, ¿me está preparando Dios para un servicio en particular? ¿Me está disciplinando, puliendo, lijando, quemando, purificando Dios para prepararme para un ministerio en el futuro? Recuerde que Dios nunca malgasta un sufrimiento, y sus planes incluyen experiencias que nosotros desaprobamos, pero que Dios cree que necesitamos.

Algunos no están siendo mayordomos de los bienes, dones y talentos que Dios les ha dado, y la negligencia puede provocar que Dios les permita pasar por el dolor del sufrimiento, para que salgan de la mediocridad, y aprendan a vivir con excelencia. Piense en los dones que Dios le ha dado, ¿Los está usando regular y efectivamente? Analice si por medio del sufrimiento que experimenta, Dios le está guiando para que no sea un mal mayordomo; y utilice sabiamente las virtudes y dones recibidos por la gracia de Dios. Piense si está siendo encerrado por Dios para que determine hacer cosas nuevas. Determine si Dios lo está presionando para convertirlo en una persona mejor, más apta para su servicio. Piense en dónde quiere verse en el futuro, qué servicio usted ha anhelado; y evalúe con sabiduría para determinar si existe indicio de que Dios, por medio del dolor, está realizando una preparación divina específica, para que pueda servir en las áreas que Dios ha planificado.

El cristiano maduro ve el valor de la tribulación que Dios permite, y no se queda enceguecido por el dolor o malestar que está sufriendo. Dios permite el sufrimiento con propósito. A veces Él permite que serios sufrimientos vengan a nuestras vidas para refinarnos, para enseñarnos a ser cada vez más dependientes de Él y presionarnos para que cumplamos sus propósitos y no los nuestros. Pablo sabía que su carácter y sus propósitos perdurarían. Él sabía que si Dios le encargaba algo, también le proveería del poder para hacerlo. Pablo sabía que todo era temporal; y por eso Él y los creyentes comprendieron que los sufrimientos eran *"ligera aflicción momentánea..."* que le preparaba para un peso eterno de gloria más allá de toda comparación" (2 Corintios 4:17).

Conclusión:

"Independientemente de la causa de nuestro sufrimiento, Dios está en control y Él soberanamente está trabajando para tener nosotros una gran recompensa en el cielo, que compensará mil veces cada pérdida que hayamos tenido aquí en este mundo. Nuestros sufrimientos temporales serán totalmente opacados por las recompensas celestiales."

Nuestra naturaleza pecaminosa nos lleva a fallar; y a veces sufrimos consecuencias dolorosas por los pecados de personas con quienes estamos relacionados; y que nos permiten vivir consecuencias que debemos aprender a enfrentar.

Analicemos la cuarta pregunta de evaluación:

¿Es mi sufrimiento provocado por imprudencias, errores y pecados personales?

Quienes buscan el sufrimiento, en vez de evitarlo, no deben atreverse a pedir que Dios los saque de ellos. No debemos intentar manipular a Dios para que nos saque de los enredos y de las consecuencias de pecados que nosotros elegimos, y que realmente no queremos dejar. Si usted vive en violencia, es maltratado, humillado, golpeado por su cónyuge y no enfrenta el problema, y si ha orado a Dios para que lo libre de ese sufrimiento, le garantizo que Dios no quiere hacer un milagro, porque no quiere eliminar su irresponsabilidad. Él quiere que estudie Su Palabra, busque orientación de líderes sabios y bíblicos, que le guíen prácticamente, para enfrentar su problema, y aprenda lecciones para seguir enfrentando el resto de sufrimiento que experimentará toda la vida. Quienes sufren maltrato, deben también comprender que si ellos lo permiten son responsables de lo que permiten que otros hagan con ellos. Dios quiere que aprenda a confrontarlo, para que aprenda la lección que preparará, para no volver a permitir maltrato y violencia. Recuerde que, si no confronta el problema bíblicamente, no puede ser consolado por el Dios que bendice la obediencia, y vivirá en tristeza y aflicción, porque no ha aprendido la dolorosa lección.

Buscamos sufrimiento, y lo perpetuamos cuando creemos que podemos engañar a Dios, y seguir cometiendo los mismos errores, ocultando pecados o viviendo con soberbia y rebelión. El escritor de Hebreos dice que algunos se han apartado de Dios siguiendo sus instintos pecaminosos. Tal vez estos rebeldes nunca conocieron a Dios, solo conocieron superficialmente el mensaje del evangelio, pero no lo hicieron parte de su vida y, por lo tanto, no han sido salvados, aunque son parte de una religión y se mantienen en ella porque están acostumbrados.

Dios demanda que salgamos del sufrimiento que nosotros provocamos por nuestros errores o pecados. El escritor de Hebreos realiza serias advertencias a quienes deciden vivir en pecado con estas palabras: *"29 Piensen, pues, cuánto mayor será el castigo para quienes han pisoteado al Hijo de Dios y han considerado la sangre del pacto—la cual nos hizo santos—como si fuera algo vulgar e inmundo, y han insultado y despreciado al Espíritu Santo que nos trae la misericordia de Dios. 30 Pues conocemos al que dijo: Yo tomaré venganza; yo les pagaré lo que se merecen. También dijo: El Señor juzgará a su propio pueblo. 31 ¡Es algo aterrador caer en manos del Dios vivo! 32 Acuérdense de los primeros tiempos, cuando recién aprendían acerca de Cristo. Recuerden cómo permanecieron fieles, aunque tuvieron que soportar terrible sufrimiento."* (Hebreos 10:29-32)

La Escritura nos enseña que, si la persona en rebeldía no es cristiana, sufrirá eterna condenación y que, si un cristiano se atreve a jugar con Dios, y a vivir en pecado, las consecuencias y la disciplina serán muy dolorosas.

Dios no quiere nuestra rebelión, quiere nuestro arrepentimiento, pues de esa manera termina el sufrimiento. Él quiere perdonarnos para que volvamos a disfrutar de la vida y de una sana relación con Él. Recuerde que el Espíritu Santo cumple la función de traer convicción para que salgamos de la rebelión y volvamos a la comunión. Pero si usted no le hace caso al Espíritu Santo, y lo desobedece por no abandonar el pecado, más bien lo contrista; en verdad está buscando más sufrimiento por su falta de sincero arrepentimiento.

El escritor de Hebreos (12:5-11) nos recuerda que el Señor disciplina a quienes ama de la misma manera que un padre disciplina a sus hijos. Pablo también nos recuerda que cosechamos lo que sembramos, con estas palabras: *"7 No se dejen engañar: nadie puede burlarse de la justicia de Dios. Siempre se cosecha lo que se siembra. 8 Los que viven solo para satisfacer los deseos de su propia naturaleza pecaminosa cosecharán, de esa naturaleza, destrucción y muerte; pero los que viven para agradar al Espíritu, del Espíritu, cosecharán vida eterna."* (Gálatas 6:7-8)

Para enfrentar el sufrimiento que usted provoca, usted es quien debe admitir su realidad, y no intentar culpar a los demás. Yo soy el encargado de evaluar específicamente cuáles son los errores que estoy cometiendo porque Dios y yo conocemos mi realidad. Realice evaluaciones personales y no mire la paja del ojo ajeno, determine cuáles son sus pecados. Para evitar más sufrimiento, investigue con seriedad cuáles son los errores más comunes, y en qué áreas tiene mayor tendencia a cometer actos de imprudencia. Observe con más detenimiento sus áreas de mayor debilidad. Observe cuáles son sus patrones de conducta que le involucran en fallas o pecados continuos.

Busque ayuda si no tiene la capacidad de auto evaluación. Las personas que acostumbran a acusar a otros, quienes acostumbran a no admitir sus culpas, y que no han desarrollado la capacidad de pedir perdón, tienen serias dificultades para comenzar su proceso de evaluación, y no identifican sus pecados, ni se arrepienten, y siguen sufriendo. Ore para que Dios le dé la fuerza, y el Espíritu Santo le traiga convicción, para que en forma rutinaria aprenda a evaluar cuáles son sus errores y sus actos de imprudencia. Es sabio hacer una lista de sus pecados para ir observando cuáles son los errores que más repite y cuáles son los actos de imprudencia más acostumbrados, para que asuma su responsabilidad en el proceso de cambio, y realice con consistencia y determinación las debidas correcciones. Recuerde que no solo sufrimos por pecados, sino a veces por errores e imprudencias. Algunos cristianos se desaniman porque están orando para que Dios les ayude a evitar el sufrimiento, pero no quieren eliminar los pecados o actos de imprudencia que lo producen.

Dios está listo a perdonarnos porque no quiere que vivamos traumados, no quiere que nos sintamos miserables, no quiere que vivamos con una conciencia intranquila, ni quiere que perdamos la paz. En palabras sencillas, Él no quiere que sigamos sufriendo, Dios no quiere que vivamos estresados; por ello, nos dice que debemos arrepentirnos y sacar los pecados para poder ser perdonados. La Biblia enseña que el que encubre su pecado, no prosperará, más el que lo confiesa y lo abandona, el perdón alcanzará. Cuando no lidiamos bien con nuestros pecados, sufrimos; y si somos hijos de Dios, y nos mantenemos en el pecado, Él no puede dejarnos tranquilos. Sufriremos no solo el dolor y las consecuencias de haber pecado, sino que Dios también ejecuta actos disciplinarios que nos producen dolor. Es duro y difícil lidiar con la herida sufrida en la caída por haber desobedecido a nuestro Padre, pero, además, es duro el dolor del castigo del Padre que nos ama, y que tiene que disciplinar la rebelión.

Cuando sufrimos, como producto de nuestros pecados, debemos aprender a ser prudentes, e identificar los pecados antes de cometerlos. Así aprendemos a evitarlos y no solo vivir pidiendo perdón por las fallas que podíamos haber evitado.

Recuerde que los pequeños errores pueden conducirle a grandes pecados, pues no siempre caemos abruptamente; generalmente nos metemos en un proceso destructivo que lentamente nos conduce al pecado. Solo tienen victoria quienes lo identifican, y saben cómo desarrollar dominio propio, para evitarlos antes de que comiencen, o para pararlos antes de que se enseñoreen de su vida.

El salmista, en el salmo 19 (RVR1995), nos muestra el proceso destructivo de nuestras actuaciones erróneas:

El primer paso de este proceso destructivo de nuestras vidas es los pequeños errores. El salmista escribe: *¿Quién puede discernir sus propios errores?* No era fácil para el salmista, y no es fácil para nosotros identificar y abandonar los pequeños errores. Por eso debemos desarrollar esta capacidad de auto evaluación, que nos permite la identificación de ellos. Los errores que seguimos repitiendo, que no tenemos la intención de corregir, y que por su repetición se hacen parte de nuestra vida, y luego ni siquiera los reconocemos.

El segundo paso que el salmista identifica en este proceso destructivo son los pecados ocultos. David agrega: *"líbrame de los que me son ocultos."* Algunos pecados se hacen parte de nuestra vida, y preferimos mantenerlos ocultos. Debido a que no queremos abandonarlos, preferimos esconderlos. Otros errores son ocultos a nosotros porque los hemos practicado rutinariamente, y por ello nos hemos acostumbrado y no tenemos la percepción saludable para sacarlos a luz. Ciertos pecados pueden permanecer ocultos a nosotros, pero no son ocultos a los demás; y por supuesto, no ocultos delante de Dios. El salmista pide a Dios que le libre de los pecados ocultos, para no llegar al momento en que ya no pueda identificarlos, y más bien se deleite en cometerlos.

Luego, en el versículo trece, nos muestra el siguiente paso en esta progresión destructiva. Dice el salmista: *"preserva también a tu siervo de las soberbias."* Vivimos una situación más grave cuando no solamente ignoramos constantemente los errores, sino que, nos hemos acostumbrado a cometerlos, al punto de actuar con soberbia. Cuando ya no nos importa que estemos haciendo mal, nos domina la altanería, el orgullo, la arrogancia, la insolencia, la petulancia, hemos llegado a un estado calamitoso de rebeldía. Esta es una de las razones porque algunos cristianos viven en permanente disciplina, y por lo tanto en constante sufrimiento. Dios no puede permitir que actuemos con soberbia y con orgullo, manteniendo pecados que Él dice que tenemos que abandonar. Si insistimos en mantenerlos, Dios de seguro tiene que reaccionar.

El salmista, en el versículo 13 identifica el peor momento de la vida de un cristiano. La petición del salmista es que no llegue al momento en que los pecados *"se enseñoreen de mí"*. Cuando a pesar de que nos damos cuenta de nuestros errores y actos de imprudencia, no los corregimos, se convierten en pecados ocultos, y peor aún, si dejamos que pase el tiempo, nos convertimos en soberbios, y finalmente permitimos que el pecado tenga señorío en nuestra vida. Esta es una actitud de máxima rebelión.

Si nosotros, con la ayuda de Dios y la disciplina personal, evitamos que se vayan desarrollando estos pasos, ocurrirá lo que el salmista agrega *"entonces seré íntegro, y estaré limpio de gran rebelión"*. Sin duda vivirá en permanente sufrimiento el cristiano que decide evitar tomar control de su carne, y permitir que este proceso destructivo siga dominando su vida. No dejamos de sufrir automáticamente. Nuestro deber es quitar las causas del sufrimiento. Cuando estamos seguros de que el sufrimiento que experimentamos es el resultado de nuestras imprudencias, de nuestros errores y pecados personales, la acción lógica es arrepentirnos, confesar y abandonar el pecado.

Conclusión:

"El camino de los necios es recto según su propia opinión, más los que escuchan los consejos y se preparan para evitar errores, pecados e imprudencias, pueden vivir la vida que Dios diseñó, la vida de excelencia."

Estudiemos ahora la quinta pregunta de evaluación:

¿Es mi sufrimiento el resultado de la determinación divina de probar mi fe y desarrollar mi carácter?

Recuerde que Dios nunca se equivoca; y que todo lo que ocurre en nuestra vida, a veces lo provoca y todo lo permite. Él puede tomar la decisión soberana de probar nuestra fe. Santiago nos aconseja lo siguiente: *"2 Amados hermanos, cuando tengan que enfrentar cualquier tipo de problemas, considérenlo como un tiempo para alegrarse mucho 3 porque ustedes saben que, siempre que se pone a prueba la fe, la constancia tiene una oportunidad para desarrollarse. 4 Así que dejen que crezca, pues una vez que su constancia se haya desarrollado plenamente, serán perfectos y completos, y no les faltará nada." (Santiago 1:2-4)*

No es sencilla la vida cuando Dios determina probarnos, pero debemos recordar que, al inicio de un tiempo de prueba, nuestra fe es desafiada; pero al final, si la pasamos, nuestra fe será recompensada. En tiempo de prueba, el estrés y la ansiedad nos invaden y nos consumen, pero es precisamente en aquellos momentos en que nuestra fe es fortalecida. Es en los tiempos de soledad y espera en que, si confiamos en Dios y seguimos sus órdenes, nuestras raíces se introducen más profundamente, aunque a veces sentimos que debemos abandonarlo todo cuando la duda nos ha invadido. Es en los tiempos de soledad que, si somos sabios, seremos más fuertes. Recuerde que Dios está con nosotros, y espera que elijamos obedecerle, pues con su guía podemos pasar los tiempos de debilidad. Cuando somos más débiles y pasamos por tiempos más difíciles, somos forzados a aplicar nuestra fe, y debemos bastarnos de la gracia de Dios para que su poder se muestre en nuestra debilidad. Si decidimos no obedecer a Dios en medio del dolor o sufrimiento, y preferimos seguir pecando, lo que realmente hacemos es pedir a gritos más disciplina divina y más sufrimiento.

Recuerde que Dios es la fuente de toda bondad, que Dios permite todo para su gloria; y todo lo que Dios hace por sí mismo nos beneficia. Por tanto, todo lo que le glorifica es bueno para nosotros, y eso incluye el sufrimiento que Él permite o produce. Dios nos refina en nuestro sufrimiento y eso es precisamente lo que le dijo a Isaías: *"10 Te he refinado, pero no como se refina la plata; más bien te he refinado en el horno del sufrimiento." (Isaías 48:10).* Recuerde que todo lo que Dios hace o permite lo hace para su gloria, y que todo lo que exalta la gloria de Dios también obra para su bien supremo, y todo lo que el Dios bueno permite es para el bien de sus hijos amados. Algunos consideran que Dios es egoísta, o cruel, al ponernos a prueba por su causa; pero las pruebas que Él hace, por su causa redundan en beneficio eterno para nosotros.

En medio del sufrimiento, y en la búsqueda de sabiduría para enfrentarlo, es bueno realizarse algunas preguntas de evaluación: ¿He sido seleccionado específicamente por Dios para probarme por medio del sufrimiento? ¿Está Dios realmente trabajando en mi carácter? Su deber es determinar si verdaderamente se encuentra en una prueba divina de su carácter, o solo está sufriendo las consecuencias de sus pecados. Si está convencido que es una prueba de su fe, de su carácter y cree verdaderamente que Dios lo está formando, acepte el fuego de la prueba y siga sus instrucciones. Él es soberano y siempre hace lo mejor por nosotros, aunque en el momento no lo creamos ni lo entendamos.

Pablo le recuerda que Dios siempre está trabajando en su vida con estas palabras: *"3 También nos alegramos al enfrentar pruebas y dificultades porque sabemos que nos ayudan a desarrollar resistencia. 4 Y la resistencia desarrolla firmeza de carácter, y el carácter fortalece nuestra esperanza segura de salvación. 5 Y esa esperanza no acabará en desilusión. Pues sabemos con cuánta ternura nos ama Dios, porque nos ha dado el Espíritu Santo para llenar nuestro corazón con su amor." (Romanos 5:3-5)*

Este mundo, con toda su maldad, es el entorno elegido deliberadamente por Dios para formar paulatinamente el carácter de sus hijos, en medio de los sufrimientos y desafíos. Los alpinistas ahorrarían tiempo y energía subiendo a la montaña en helicóptero, pero su objetivo final es la conquista, no el entretenimiento; es desarrollar su fuerza, no tener un viaje de turismo. Ellos eligen la manera más difícil para desarrollar sus músculos, pues solo de esa manera se preparan para la siguiente conquista. Dios podría sacarnos milagrosamente de todo sufrimiento, pero decide que pasemos por ellos para fortalecer nuestros músculos, y prepararnos para las siguientes temporadas de conquistas.

Conclusión:

"Dios podría crear músicos, científicos, médicos, deportistas de alto rendimiento, pero no lo hace. Nos permite nacer como un bebé, con un potencial grandioso que debemos desarrollar. Solo luchando y sufriendo, cultivando la resistencia y la paciencia, y viviendo en obediencia, desarrollamos nuestro carácter y disfrutamos con excelencia de las maravillosas recompensas."

Nos corresponde estudiar ahora la sexta pregunta de evaluación:

¿Es mi sufrimiento el resultado de la sabia y justa disciplina divina?

La solución al sufrimiento, que resulta de la sabia y justa disciplina divina, es nuestro sincero arrepentimiento. El pecado siempre produce consecuencias, pero pueden evitar sufrimiento quienes evitan el pecado que lo produce, y quienes reaccionan bíblicamente y se arrepienten cuando están sufriendo las consecuencias de su desobediencia.

Dios no pierde su tiempo, ni el nuestro, y nos está discipulando en todo sufrimiento. Para el cristiano, esta es una buena noticia, porque Dios es sabio, nos conoce, sabe exactamente todo lo que necesitamos para nuestro bien; y todo lo que hace es para continuar conformando en nosotros su imagen.

Si somos sabios, y vemos la vida desde la perspectiva divina, podemos alegrarnos de nuestros sufrimientos, sabiendo que nada nos sucede como castigo de Dios, pero sí como disciplina. Jesús ya llevó sobre Él todo el castigo por nuestros pecados, y así satisfizo la justicia del Padre. Por lo tanto, cada prueba y sufrimiento que enfrentamos, incluso cuando es causado por nuestro propio pecado, Dios lo usa para disciplinarnos, enseñándonos cómo confiar cada vez más en Él.

Sin duda, mientras más estudiamos la Palabra de Dios, más nos convencemos de que la disciplina es una prueba del amor divino, y que algunos sufrimientos son resultado de la disciplina divina. El escritor de Hebreos nos comunica lo que Dios nos dice: *"Hijo mío, no tomes a la ligera la disciplina del Señor y no te des por vencido cuando te corrige. 6 Pues el Señor disciplina a los que ama y castiga a todo el que recibe como hijo".* *(Hebreos 12:5a-6)*

No es casualidad que las palabras disciplina y discípulo provengan de la misma raíz, y que identifiquen acciones de entrenamiento o enseñanza. No podemos ser discípulos de Cristo sin experimentar la disciplina del Señor, porque la disciplina es un medio para enseñarnos y capacitarnos para seguir obedientemente a Jesús.

Dios disciplina a sus hijos utilizando dos formas. Lo hace directamente, y también por medio de las autoridades de la iglesia. Dios determinó usar autoridades bíblicas y sabias, que siguen procedimientos bíblicos, y que tienen en mente el bien de la persona que necesita disciplina eclesiástica, y que la realizan con el amor que la Biblia exige, y que resulta en el bien de la persona. Quienes disciplinan, no deben ser líderes tiranos que exigen una vida de santidad que ni ellos mismos tienen, o que manipulan e intimidan haciendo creer a la gente que ellos no deben ser confrontados sabiamente, ni cuestionados bíblicamente. Si Dios utiliza la disciplina para dar lecciones a los pecadores, si Dios disciplina para que se arrepientan, la iglesia debe imitar la actitud de Cristo. La disciplina debe ser ejercitada para animar la pureza de la iglesia; pero debe ser llevada a la práctica con mucho cuidado, y no basada en las emociones del disciplinado, y tampoco de las autoridades que disciplinan. Pablo exhortó a los líderes de la congregación en Corinto, para que disciplinen a los que persistían en causar divisiones, vivir en inmoralidad, tener una conducta desordenada, etc. En una congregación de falibles siempre existirá pecado y, por lo tanto, siempre debe existir disciplina. Los líderes no debemos ignorar los pecados y las actitudes erróneas de líderes y miembros. Por amor debemos ejercer la disciplina que Dios encarga a su iglesia.

Además de la disciplina de la iglesia, Dios disciplina directamente a sus hijos que pecan. Recuerde que Él perdona todo pecado, pero no siempre elimina las consecuencias; y como consecuencia, Él puede decretar temporadas de dolor, tristeza y disciplina. Ponga atención a un sencillo pero importante ejemplo que revela cuán celoso es Dios y cómo ejecuta disciplina cuando en pequeños, o grandes detalles, determinamos desobedecerle.

El apóstol Pablo comunica a los corintios que a Dios le desagrada que sus hijos participen indignamente de la celebración de la Santa Cena. Participan indignamente quienes no son creyentes, y quieren sentarse a la mesa de la familia de Dios a la cual no pertenecen. Participan indignamente los creyentes que mantienen pecados ocultos, y no desean arrepentirse; o quienes tienen conflictos con sus hermanos y no buscan restaurar las relaciones interpersonales saludables. También los jóvenes que participan de la cena del Señor, a pesar de que están teniendo relaciones sexuales prematrimoniales. Los cónyuges que participan de la cena del Señor, a pesar de que regularmente actúan con violencia, están pecando, y al participar como si vivieran en santidad, son candidatos a la severa disciplina divina. Pablo les advierte: *"29 si alguno come el pan y bebe de la copa sin honrar el cuerpo de Cristo, come y bebe el juicio de Dios sobre sí mismo."* Observe el resultado de la disciplina divina: *"30 Esa es la razón por la que muchos de ustedes son débiles y están enfermos y algunos incluso han muerto."* (1 Corintios 11:29-30)

Enfrentamos enfermedades, debilidades y aun la muerte, como resultado de la disciplina divina. Esas acciones disciplinarias son inevitables porque un Dios justo no puede pasar por alto los pecados de los hijos que ama. Si usted desea salir de la disciplina divina, que resulta de los pecados que está cometiendo, evalúese y confiese los pecados que conoce, y haga una seria investigación de pecados ocultos. Ponga atención y siga las instrucciones de los líderes que le aman y lo corrigen. No acostumbre a reaccionar molesto cuando alguien le comenta sobre sus errores y pecados, y ponga mucha atención cuando alguien lo exhorta, pues Dios puede estar usando a esa persona para que identifique las faltas que ni siquiera usted ve. Examine objetivamente su vida, analice bien sus circunstancias. Identifique todos los pecados examinándose minuciosamente, confiéselos, arrepiéntase y abandónelos. Busque ayuda profesional y bíblica, si no sabe cómo salir de ellos. Sométase a alguna autoridad sabia, para que usted sea responsable ante alguien que pueda ayudarle en este proceso.

El apóstol Pablo nos recuerda cómo Dios opera siempre para nuestro bien, con estas maravillosas palabras: *"3 También nos alegramos al enfrentar pruebas y dificultades porque sabemos que nos ayudan a desarrollar resistencia. 4 Y la resistencia desarrolla firmeza de carácter, y el carácter fortalece nuestra esperanza segura de salvación. 5 Y esa esperanza no acabará en desilusión. Pues sabemos con cuánta ternura nos ama Dios, porque nos ha dado el Espíritu Santo para llenar nuestro corazón con su amor." (Romanos 5:3-5)*

El objetivo final de la disciplina no es castigar al pecador sino corregir el corazón de los hijos de Dios. La disciplina nos saca del camino que conduce a la destrucción y nos lleva nuevamente al camino que conduce a la vida eterna. Nos corrige por amor, llamándonos al arrepentimiento. El castigo consiste simplemente en satisfacer la justicia, pero la disciplina consiste en enseñar, instruir y corregir. El castigo es un acto de justicia, pero la disciplina es un acto de amor, misericordia y gracia. Dios nos forma en el sufrimiento porque produce resistencia, la resistencia produce carácter y el carácter produce esperanza. Y esperar en Dios significa confiar y apoyarse en Él.

Conclusión:

"El sufrimiento que resulta de la sabia y justa disciplina divina nos obliga a esperar solo en Dios, a confiar solo en Él, especialmente cuando nos sentimos abrumados e incompetentes. Dios usa el sufrimiento para conformarnos a la imagen de Cristo, y si seguimos el camino divino que nos dirige a la salida, nos acerca a una comunión más estrecha con el Señor."

La séptima pregunta de evaluación es:

¿Es mi sufrimiento producto de una persecución por mi fe?

Como seguidores de Cristo, experimentaremos sufrimiento por nuestra lealtad a Jesús. Todavía hay cristianos perseguidos en países donde el cristianismo quiere ser destruido, donde las Biblias son ilegales y deben reunirse a escondidas.

Jesús advirtió que sus discípulos verdaderos serían perseguidos, y sufrirían debido a su lealtad hacia Él, y que no experimentarían solo persecución de los paganos, sino aun de los mismos miembros de la familia. Algunas de las personas más cercanas pueden ser las más hostiles porque Jesucristo advirtió que Él no venía a traer paz sino guerra. Algunos fieles creyentes se sienten decepcionados por la hostilidad que experimentan cuando intentan relacionarse con familiares que los persiguen y los hacen sufrir. Sin duda es decepcionante y doloroso, pero nuestra reacción frente al sufrimiento que experimentamos, cuando nos quieren perseguir por nuestra fe, debe ser poner límites, confrontar, y cuando es sabio, alejarnos de los enemigos de nuestra fe, aunque el enemigo sea un miembro de la familia. Jesucristo dijo: *"El que no dejare padre, madre, no es digno de mí."*

Las palabras de Jesús nos meten en la realidad cuando dice: *"No penséis que he venido a traer paz a la tierra; no he venido para traer paz, sino espada".*

Estas son palabras de Jesucristo; y observe dónde ocurrirá el conflicto: *"Porque he venido a poner disensión entre el hijo contra su padre, a la hija contra su madre, y a la nuera contra su suegra; y los enemigos del hombre serán los de su casa. El que ama a padre o madre más que a mí, no es digno de mí; el que ama a hijo o hija más que a mí, no es digno de mí; y el que no toma su cruz y sigue en pos de mí, no es digno de mí". El que halla su vida, la perderá; y el que pierde su vida por causa de mí, la hallará".*

Algunos miembros de la familia de cristianos nunca entienden la fe; y no solo actúan burlesca o irrespetuosamente, sino que también los atacan duramente. Lo cierto es que ellos no pueden entender la verdad, pues tienen su mente entenebrecida, son ajenos a la vida de Dios; pero, somos nosotros los que debemos entenderla y aprender a establecer límites de protección de nuestra vida. Algunos miembros de la familia dicen: ¿cómo este miembro de nuestra familia puede ser tan feliz y estar tan distante del resto de su familia solo porque no tenemos la misma religión? Ellos dicen: fuimos cercanos por mucho tiempo y su religión los ha alejado y se lleva mejor con extraños que son parte de su religión y no con nosotros que somos parte de su familia. Y esa es una gran verdad.

Debido a la diferencia de fe, a la diferencia de valores, comenzamos a marcar diferencias, a ponernos a una mayor distancia de quienes se burlan, o aún son hostiles; y también, comenzamos a acercarnos inmediatamente con quienes compartimos más los mismos principios de la Palabra de Dios. La verdad bíblica que exige comportamientos santos, rompe la intimidad con algunos familiares porque estos desean vivir en su mundo de maldad. El cristiano debe elegir una lealtad mayor; y su mayor lealtad, su mayor compromiso, su mayor autoridad, deben ser los principios y verdades que nos exige quien hemos elegido como Rey y Señor.

La Biblia también nos asegura que Satanás anda como león rugiente buscando a quien devorar, y que en este mundo existen enemigos acérrimos de nuestra fe. Si experimenta persecución en su familia o en su trabajo, asegúrese que está siendo perseguido porque usted es responsable, respetable, confiable, justo, y que vive en santidad, y que no esté siendo perseguido porque es un familiar irrespetuoso, entremetido y que intenta convertir a los demás. Asegúrese de que, si usted está siendo perseguido, es porque tiene un carácter correcto. Si en su trabajo es despreciado porque usted irrespeta, si los jefes lo exhortan o disciplinan porque llega tarde y se va temprano, porque no cumple con sus obligaciones, no está siendo perseguido por su fe y su sufrimiento, es producto de sus malas elecciones, no de sus convicciones. Si tiene problemas porque es mal genio, si tiene conflictos con las demás personas, porque no sabe cómo relacionarse respetuosamente con un jefe bueno, blando, respetuoso, o con uno duro o tirano, no está siendo perseguido por su fe.

Manténgase firme en su fe, defiéndala y practíquela; asegurándose de que sus convicciones son realmente bíblicas. Busque la ayuda de un líder que le ayude a determinar si tiene el carácter que Dios exige.

Conclusión:

"Si es despedido de su trabajo, o tiene que renunciar porque no quiere aceptar prácticas pecaminosas que van en contra de su fe, está haciendo lo correcto. Pero si descubre que los errores y pecados son suyos, realice los cambios que son necesarios, porque usted no está siendo perseguido por sus convicciones sino por sus irresponsabilidades."

Capítulo 3

VERDADES Y RESPUESTAS ERRÓNEAS FRENTE AL SUFRIMIENTO

"Quienes entienden cómo Dios obra soberanamente, comprenden las razones de sus sufrimientos, y saben cómo enfrentarlos bíblica y sabiamente, saldrán mejores después del proceso por Dios permitido. Quienes no comprenden por qué y para qué Dios permite esas temporadas, saldrán peores y, además, amargados y resentidos."

La Biblia nos dice que Dios permite el sufrimiento porque tiene un propósito necesario para nuestra vida. No todas las personas comprenden esta verdad, especialmente cuando están sufriendo. Pero, si usan su imaginación, los padres pueden entender esta actuación divina; por ejemplo, cuando llevan a sus pequeños hijos a vacunarse, ninguno de ellos entiende que el propósito es bueno. No entienden que esas jeringuillas que causan dolor están llenas de un líquido que les protegerá de enfermedades. Ellos solo ven el sufrimiento del momento, no la razón de ese pequeño sufrimiento. Las ideas de los niños sobre ese sufrimiento no deben ser tomadas en cuenta, pues no entienden el por qué y el para qué deben pasar por ese momento de dolor. Nuestras ideas o nuestra imaginación tampoco deben ser la respuesta a nuestro sufrimiento; y para responder bíblicamente, en todo momento debemos conocer lo que la Biblia nos revela con respecto al sufrimiento.

VERDADES BÍBLICAS SOBRE EL SUFRIMIENTO

"La Biblia nos revela toda la verdad con respecto al por qué y para qué experimentamos sufrimientos. Para tener la respuesta adecuada es nuestro deber estudiar la verdad por Dios revelada."

Dios nos conoce, Él nos creó, Él es soberano y nada está fuera de su control; por lo tanto, nuestra única respuesta sabia frente al sufrimiento la encontramos en la Palabra inerrante de Dios. La respuesta que siempre debemos tener, independientemente del sufrimiento en que nos encontremos, debe estar basada en las verdades, los mandamientos y los principios revelados en las Escrituras.

Estudiemos algunas verdades que nos revelan cómo actúa el Dios soberano en todos los sufrimientos que experimentamos:

Primero: Dios no ha prometido que sus hijos, siempre y en toda circunstancia, serán librados de las tragedias humanas que son parte de la humanidad caída.

La verdad es que las tragedias son parte de la humanidad que fue afectada por el pecado; y quienes creen que no sufrirán tragedias porque son hijos de Dios, no han sido bien enseñados. Todos podemos perderlo todo en un terremoto, y aun familiares, por los azotes de un huracán. Cuando nos ataca una pandemia, todos podemos morir. Es erróneo tomar versículos fuera de su contexto y hacerlos significar algo que la Biblia no revela. Es cierto que la Biblia dice: *"Caerán mil a nuestro lado y diez mil a nuestra diestra"*, y que a nosotros no llegará mortandad, pero ese no es un compromiso divino que se cumple siempre y en toda circunstancia. También nosotros podemos caer y morir si somos irresponsables o si la voluntad soberana de Dios es nuestra muerte.

Dios nunca nos ha prometido la ausencia de problemas en nuestras vidas. Él nunca prometió que al entregarnos la salvación por gracia comenzaríamos a vivir sin problemas, más bien nos advirtió que los tendríamos. Dios no dice que, si vivimos una vida de rectitud, estaremos completamente libres de las tragedias que afectan al resto de los humanos. Lo que prometió es que estaría con nosotros mientras atravesábamos cada problema. No enfrentaríamos solos, sin su guía, sin su protección todos nuestros problemas, dificultades y sufrimientos y que Él conoce todo lo que nos ocurre, y permite todo lo que nos pasa.

Segundo: Dios siempre cuida a los hijos que viven conforme a su voluntad; sea que Él soberanamente determine sanarnos, evitarnos enfermedades, librarnos de los desastres de la naturaleza, o que seamos afectados por todo.

Dios fue quien decidió librar a Sadrac, Mesac y Abednego. Dios fue quien soberanamente decidió librar a Daniel y no permitió que sea devorado en la jaula de los leones. Dios protegió a José en medio de todos los sufrimientos; y lo protegió de todas las pruebas que experimentó y le permitió vivir una vida de sabiduría, santidad y prosperidad.

El otro lado de la moneda es también verdad, pues fue Dios quien decidió no librar a Job de la tragedia, de la debacle económica, de la muerte de sus hijos, de la crítica de sus conocidos, de las maldiciones de su esposa y de la peste que afectó todo su cuerpo. Dios decidió y permitió a Satanás que tocara la vida de uno de sus hijos; y Dios mismo describe a Job, primero como *"hombre perfecto"*, es decir, un hijo de Dios maduro. Luego, como *"recto"*, y esta palabra muestra el carácter santo de Job. Después, agrega que Job era temeroso de Dios, lo que describe su sana espiritualidad, y finalmente, lo define como apartado del mal, que es la descripción de su moralidad.

Fue Dios quien decidió no sanar a nuestro admirado y grandioso apóstol Pablo, a pesar de todas sus peticiones. Lo libró de la muerte muchas veces en manos de enemigos, no le permitió naufragar en la embarcación cuando les azotó el temporal, impidió su muerte cuando le mordió la serpiente, pero fue Dios quien decidió no sanarlo, pese a sus tres intentos y peticiones.

Tercero: Dios siempre permite todas las crisis, tragedias, enfermedades, accidentes o sufrimientos; y a veces los provoca porque Él es Dios, y nada puede ocurrir sin su permiso soberano.

Dios a veces provoca crisis porque ha determinado enseñarnos lecciones que son esenciales para el desarrollo de nuestro propósito en la vida, porque esas lecciones específicas no las podemos aprender de otra manera. Dios es soberano, y tiene el control de todas las cosas. Lo que Dios organiza y permite es significativo y tiene un propósito que a veces no entendemos. Dios nunca malgasta una crisis, nosotros sí; y por eso debemos volver a repetirla. Toda crisis ocurre por la providencia divina y en ninguna existe despropósito alguno. La soberanía de Dios revela que Él tiene el control total del universo, pero no niega el libre albedrío humano. Los seres humanos podemos tomar malas decisiones y Dios permite que lo hagamos, y también permite que suframos las consecuencias; y aunque Dios no hace que todo suceda directamente, sí permite que todo suceda. Y, en última instancia, la voluntad de Dios siempre se cumplirá.

Principio para recordar:
"Dios es soberano y todo sucede según su intención y sus planes. Él no solo controla todo, también ha establecido mandatos que deben obedecer todas sus criaturas. Nada puede frustrar o detener el propósito de Dios, y sus designios son siempre buenos, porque su soberanía es gobernada por su sabiduría infalible; y su justicia y misericordia inimitable."

RESPUESTAS ERRÓNEAS FRENTE AL SUFRIMIENTO

"Frente al sufrimiento tenemos dos opciones. Respondemos mal y sufrimos peores consecuencias por nuestra desobediencia, o respondemos siguiendo la guía divina y salimos mejores de las experiencias dolorosas, y aprendemos a vivir con excelencia."

Todo sufrimiento produce dolor, preocupación, ansiedad y confusión, y es nuestro deber enfrentar todo con sabiduría; de lo contrario, no ayudamos en nada, más bien perjudicamos cuando por el dolor que vivimos nos enojamos, resentimos y amargamos.

Como estudiaremos más adelante, el maduro, justo y temeroso de Dios llamado Job, tenía razones muy fuertes para responder erróneamente frente al sufrimiento. Desde el punto de vista humano, no merecía todo el sufrimiento que experimentó, e incluso fue declarado inocente por Dios en dos ocasiones, en el libro que contiene el relato. El resto del libro trata en gran medida sobre la reacción de los humanos que dicen ser sus amigos, y que debaten sobre el por qué Job ha sufrido tanto. Ellos pensaron que Job estaba siendo juzgado por algún pecado oculto, y se atreven a dar una lista de los posibles pecados de Job. Él se molesta con ellos porque está absolutamente seguro de su inocencia, y por eso declara: *"35 Miren, voy a respaldar mi defensa con mi firma. Que el Todopoderoso me responda; que escriba los cargos que tiene contra mí. 36 Me enfrentaría a la acusación con orgullo, y la llevaría como una corona. 37 Pues le diría exactamente lo que he hecho; vendría ante él como un príncipe..." (Job 31:35-37).* Sorprendentemente, al final del libro, en los capítulos 38 al 42, Dios se le aparece a Job y le dice que todos están solo tratando de adivinar, y demuestra que la respuesta de los amigos era totalmente equivocada. En el capítulo 42 Job admite que habló tontamente. Dios les entrega una gran lección comunicándoles que no se atrevan a acusar a Dios como si Él hubiera obrado mal, y que tampoco se atrevan a acusar a las personas que sufren, porque ellos no tienen idea, y solo Dios sabe por qué sufren.

Examinemos algunas de las formas inapropiadas de ver el sufrimiento y, por lo tanto, la forma inadecuada que eligen algunas personas para responder cuando lo experimentan:

Primero: Algunas personas responden mal porque de alguna manera son convencidas por las ideas de los secularistas que creen que, si Dios existiera, no existiría el sufrimiento.

Para quienes no creen en Dios, ni creen en el pecado, y tampoco en la maldad y, además, creen que nacemos buenos, el sufrimiento no tiene sentido. Ellos dicen que el injusto sufrimiento humano es la prueba más efectiva de que no existe Dios; pero el hecho de que los que no creen en Él crean que el sufrimiento no tiene sentido y que, si existiera Dios, evitaría el sufrimiento, no lo elimina (el sufrimiento); pues si ellos creen que Dios no existe, igual existe el sufrimiento.

Me gusta lo que escribe el Dr. Martin Luther King, Jr., en una carta desde la cárcel de Birmingham. Él dijo que, si no hubiera una ley divina superior, no habría manera de saber si una ley humana en particular es injusta o no. La razón es porque "Una ley justa es un código creado por el hombre que concuerda con la ley moral o la ley de Dios". Si no existe Dios, entonces, ¿por qué los ateos critican a Dios; y por qué se van contra el sufrimiento?, pues si no existiera Dios, como ellos dicen, todavía existe el sufrimiento y aun así, crean que exista Dios o no, no lo pueden explicar. Si no existe Dios, todos los juicios de valor son arbitrarios, y todas las definiciones que hagan de la justicia son solo el resultado de su cultura o temperamento. Si no existe Dios, y por lo tanto, si no existe una ley divina, superior a la de los humanos, entonces la violencia, el sufrimiento es perfectamente natural, y existiría, sea que exista o no Dios. Ningún cristiano debe aceptar la creencia de los enemigos de la fe, que dicen que la existencia de sufrimiento es la prueba de que no existe Dios. Nadie debe ser influenciado por ideas seculares, humanistas, comunistas, marxistas porque sus propios argumentos prueban que la existencia del sufrimiento no prueba la inexistencia de Dios. Todo cristiano, influenciado por esas ideas erróneas, y resentido porque existe sufrimiento, dejará de lado los recursos que Dios nos ha dado para entender el sufrimiento y para enfrentarlo sabiamente. Con la guía divina, y nuestra sujeción a su Palabra, no solo entendemos que el Dios soberano permite el sufrimiento, sino que, además, no solamente podemos pasar por ellos, sino salir mejor, con mejor carácter, con mejor visión, y con mayor gozo, porque sabemos que somos hijos de Dios, que Él tiene todo bajo control y nunca permite nada malo para nosotros.

Segundo: Algunas personas responden mal frente al sufrimiento por la errónea instrucción de líderes que interpretan indebidamente las Escrituras.

La respuesta no bíblica, motivada por la enseñanza limitada, interesada, o emocional de algunos predicadores modernos, es destructiva, pues, por esa mala instrucción, las personas experimentan decepción.

Tristemente, en pocas congregaciones se entregan cursos sobre el sufrimiento, y los predicadores monotemáticos, que enseñan solo prosperidad o milagros, no instruyen sabiamente, y crean en su audiencia muchas dudas. Algunos de estos motivadores se enfocan en temas como la prosperidad, y hacen sentir a su audiencia que los que no prosperan como ellos, no actúan bíblicamente; y les ocultan que ellos prosperan económicamente porque utilizan muchas técnicas para motivar a la gente a dar dinero. Muchos de estos predicadores exaltan la vida de éxito, los gozos, las alegrías, la abundancia, y hacen creer a sus seguidores que la prosperidad es económica, y que todos deben tener recursos económicos en abundancia.

Otras personas, mientras intentan seguir a Jesucristo, viven adorándole, cantando, danzando, decretando su éxito y demandando milagros, y dejan de lado los riesgos, enfermedades, accidentes, bancarrotas, angustias y conflictos, que son parte de la vida de todos los cristianos.

No saben enfrentar el sufrimiento quienes no reciben instrucción bíblica, porque solo les muestran a un Jesucristo mago, o un obrador de milagros, o un aliviador de presiones, quien debe proteger a sus amados de todas las enfermedades y de los conflictos. Le muestran a un Dios que quiere que siempre se mantengan satisfechos, sanos, contentos, un Dios que quiere que siempre estén sanos y que tengan abundancia de todo; y esto, a pesar de que en la Biblia hay muchos ejemplos que revelan algo diferente. La Palabra de Dios nos revela que Dios también permite enfermedades que no planifica sanar, que realiza milagros, aunque no los pidamos; y que puede negar una sanidad a pesar de nuestros ruegos.

La vida de todo ser humano incluye experiencias buenas y otras malas. La vida no es justa, ni es fácil vivir sabiamente. Uno de los compañeros permanentes de toda la humanidad se llama sufrimiento, y no respeta edad, sexo, condición social ni nacionalidad; y Dios nunca prometió que todos sus hijos serían ricos, tendrían siempre salud; y tampoco la Biblia enseña que quien no sana, no sana porque tiene pecados.

Tercero: Algunos cristianos reaccionan mal frente al sufrimiento porque son dominados por el temor.

El miedo es una respuesta comprensible frente a la tribulación y al sufrimiento. Es natural tener miedo si nuestras vidas están a punto de ser destrozadas por algún desastre o tragedia; cuando sufrimos una gran pérdida, o cuando se nos comunica un diagnóstico terrible. Sin embargo, en medio del lógico temor, podemos optar por enfrentar las situaciones con fe y valor, por la ayuda y la guía de nuestro Señor. Dios no quiere que seamos dominados por el temor. Él no quiere que respondamos atemorizados cuando tenemos sufrimientos o estamos siendo probados.

Me encantan las palabras de Dios dirigidas a su pueblo cuando Senaquerib invadió Judá. Ezequías fue amenazado, pero confiaba en Dios y cuando se dio cuenta de que iban a atacar a Jerusalén, animó a los oficiales de su ejército con estas palabras:*" 7 Esforzaos y animaos; no temáis, ni tengáis miedo del rey de Asiria, ni de toda la multitud que con él viene; porque más hay con nosotros que con él. 8 Con él está el brazo de carne, más con nosotros está Jehová nuestro Dios para ayudarnos y pelear nuestras batallas…" (2 Crónicas 32:7-8)* Dios no ha cambiado y el Dios del Antiguo testamento es el Dios del Nuevo testamento y también el Dios de la modernidad.

Pablo también ordena a Timoteo que avive *"el fuego del don espiritual que Dios le dio"*, para que cumpla con fortaleza su ministerio en medio de los sufrimientos. Observe lo que le aconseja: *"7 Pues Dios no nos ha dado un espíritu de temor y timidez sino de poder, amor y autodisciplina." (2 Timoteo 1:7)* Cuando conocemos que el poder de Dios está disponible, cuando estamos seguros de que Dios nos ama y no permitirá nada malo, y cuando desarrollamos la autodisciplina para seguir sus instrucciones, nuestro temor no nos domina.

Pablo nos ordena: *"6 No se preocupen por nada; en cambio, oren por todo. Díganle a Dios lo que necesitan y denle gra-*

cias por todo lo que él ha hecho. 7 Así experimentarán la paz de Dios, que supera todo lo que podemos entender. La paz de Dios cuidará su corazón y su mente mientras vivan en Cristo Jesús." (Filipenses 4:6-7)

Y el escritor de Hebreos nos anima con estas palabras: *"Dios ha dicho: Nunca te fallaré. Jamás te abandonaré. 6 Así que podemos decir con toda confianza: El Señor es quien me ayuda, por tanto, no temeré. ¿Qué me puede hacer un simple mortal?" (Hebreos 13:5a-6)*

No es malo sentir temor en medio del sufrimiento, lo malo es dejarnos dominar por el temor, abandonar las salidas que nos entrega el Señor, o actuar sin santidad solo porque estamos sufriendo por culpa de la maldad que nos rodea. Pedro nos ordena *"7 Pongan todas sus preocupaciones y ansiedades en las manos de Dios, porque él cuida de ustedes." (1 Pedro 5:7)*

Cuando nos afecta una temporada de sufrimiento, no es malo sentir temor; solo debemos buscar la dirección divina y seguir fielmente todos los pasos que Dios nos entrega. A medida que vamos obedeciendo y siguiendo las instrucciones divinas, vamos también echando toda la ansiedad que sentimos por la incertidumbre, y comenzamos a experimentar la certidumbre de que su Palabra sí funciona cuando nos entrega la salida para que podamos resistir.

Cuarto: Algunas personas reaccionan indebidamente frente al sufrimiento porque han cometido errores, y son dominados por la culpabilidad.

No existe ningún cristiano que no cometa errores; y cuando los cometemos, el Espíritu de Dios produce culpabilidad en nosotros, pero su fin es solo la admisión de nuestro error y nuestro arrepentimiento. En tiempos de problemas, nos acosan muchos sentimientos negativos, miedo, desilusión, desconcierto, pena, una sensación de fracaso, rechazo y culpa; y la culpa es una de las peores. No podemos hacer frente a nuestros problemas cuando nos sentimos abrumados por un grado de culpa innecesaria. La culpa no es mala, si es la que produce el Espíritu Santo, pero ella completa su obra y cumple su objetivo cuando nos ha conducido al sincero arrepentimiento.

Algunos cristianos responden al sufrimiento sintiéndose culpables, incluso cuando no ha sido su culpa. Es cierto que el Espíritu de Dios nos ayuda a identificar nuestros pecados y nos hace sentir culpables para llevarnos al arrepentimiento, pero una vez que nos arrepentimos, la culpa no debe continuar. Pablo nos dice. *"Ahora, pues, ninguna condenación hay para los que están en Cristo Jesús" (Romanos 8:1)*. Los hijos de Dios estamos en Cristo, y dejamos de ser condenados; y no debemos experimentar más culpa porque por Cristo hemos sido salvados. Podemos experimentar culpa cuando fallamos, pero ese sentimiento de culpa solo es útil hasta cuando nos arrepentimos.

Quienes se siguen culpando después de arrepentirse sinceramente, no han comprendido que el pecado sinceramente confesado es pecado perdonado. Quien se sigue culpando, pese al arrepentimiento y la seguridad de perdón, no ha comprendido que: *"Los que encubren sus pecados no prosperarán, pero si los confiesan y los abandonan, recibirán misericordia." (Proverbios 28:13)*

Recuerde que todos pecamos, y que la acusación del Espíritu de Dios tiene como objetivo llevarnos al arrepentimiento; y si después de ser perdonados nos seguimos culpando, no enfrentamos bien el sufrimiento. El apóstol Juan asegura: *"8 Si afirmamos que no tenemos pecado, lo único que hacemos es engañarnos a nosotros mismos y no vivimos en la verdad;*

9 pero si confesamos nuestros pecados a Dios, él es fiel y justo para perdonarnos nuestros pecados y limpiarnos de toda maldad. 10 Si afirmamos que no hemos pecado, llamamos a Dios mentiroso y demostramos que no hay lugar para su palabra en nuestro corazón." (1 Juan 1:8-10)

Quinto: No reaccionan bien frente al sufrimiento quienes se molestan y se enojan, y eligen la amargura y el resentimiento.

Cometen un serio error quienes en medio del sufrimiento se enojan con Dios, o dudan de su bondad, protección, cuidado y amor. Quien así actúa demuestra que no tiene confianza en Dios. Quienes no entienden que Dios tiene propósito en el sufrimiento eligen la molestia; y cuando almacenan enojo en su corazón producirán resentimiento y amargura.

El resentimiento ocurre cuando tenemos una reacción emocional compleja y variada, debido a que estamos sintiendo que hemos sido maltratados o agraviados por otra persona. Nos resentimos cuando no sabemos reaccionar sabiamente debido a la situación o serie de circunstancias que hemos vivido. Cuando vivimos resentidos también nos llenamos de ira, disgusto, decepción, amargura y desaprobación. El resentimiento motiva a reaccionar destructivamente. El mensaje del resentimiento es: bebe el veneno para que observes morir a tu enemigo, pero ese mensaje es equivocado, porque quien va muriendo es aquel que se sigue resintiendo. En la práctica, el resentimiento no destruye a la persona que nos hizo daño; somos nosotros los que nos destruimos y nos dañamos a nosotros mismos, porque la amargura nos mantiene atrapados en ese molesto ciclo de sufrimiento y nos mantiene esclavos de la ira. La amargura y el resentimiento que experimentamos, frente al sufrimiento que alguien nos ha provocado, no nos da poder a nosotros, les da más poder a las personas que nos hicieron daño.

Quien se resiente con Dios debe entender que Dios nunca le pedirá disculpas, pues Él nunca se equivoca. Es un error, y dañamos nuestra relación con Dios, cuando culpamos al Dios de amor que nunca hace nada para amargarnos, y quien siempre tiene en mente nuestro bien.

El apóstol Pedro nos aconseja: *"6 Así que alégrense de verdad. Les espera una alegría inmensa, aunque tienen que soportar muchas pruebas por un tiempo breve. 7 Estas pruebas demostrarán que su fe es auténtica. Está siendo probada de la misma manera que el fuego prueba y purifica el oro, aunque la fe de ustedes es mucho más preciosa que el mismo oro. Entonces su fe, al permanecer firme en tantas pruebas, les traerá mucha alabanza, gloria y honra en el día que Jesucristo sea revelado a todo el mundo."* (1 Pedro 1:6-7)

Nuestra respuesta frente al sufrimiento no debe ser la amargura o el resentimiento, debe ser la humildad y la sumisión a la voluntad soberana de Dios. Las personas humildes y sometidas a la voluntad del soberano no se resienten ni se llenan de amargura porque no guardan toda su frustración y enojo. Más bien se someten a Dios, pues un espíritu amable no se cultiva con los dientes apretados, con los puños desafiantes, con ira acumulada o una sonrisa forzada. La mansedumbre crece en el corazón de quienes comprenden que todo lo que Dios permite es bueno, aunque en el momento no lo entiendan.

El resentimiento no debe tener lugar en el corazón de un cristiano, más bien, la Biblia nos ordena que dejemos de lado toda ira y resentimiento hacia los demás. Jesús no quiere que tengamos sentimientos amargos hacia otras personas, y mucho menos que nos enojemos o nos resintamos con Él. El resentimiento se marcha cuando entra el amor y la amabilidad, cuando nos humillamos ante Dios y nos sujetamos a su voluntad. La orden del apóstol Pablo es clara y directa: *"31 Líbrense de toda amar-*

gura, furia, enojo, palabras ásperas, calumnias y toda clase de mala conducta. 32 Por el contrario, sean amables unos con otros, sean de buen corazón, y perdónense unos a otros, tal como Dios los ha perdonado a ustedes por medio de Cristo."
(Efesios 4:31-32)

Conclusión:

"La humildad y la sumisión abren nuestro corazón para ser consolados en medio de nuestras ansiedades, y nos evitan las amarguras. No terminamos decepcionados cuando sabemos que lo que pasa en nuestra vida primero pasó por la mente del Dios bueno que nos ama, que siempre busca nuestro bien, y que siempre sabe cómo darnos lecciones que no aprenderemos de otra manera."

Capítulo **4**

JESUCRISTO: LA PRUEBA DEL SUFRIMIENTO CON PROPÓSITO

"El sufrimiento de Cristo es la más grande prueba de que nuestro sufrimiento sirve para propósitos que Dios conoce, y que por ser permitido por el Dios soberano, siempre tiene buenos propósitos para los hijos que verdaderamente le amamos."

No existe ninguna duda que es muy sabio evitar el sufrimiento evitable, y aprender lecciones de los sufrimientos que experimentan otros. Tristemente, muchos ignoran esta forma sabia de aprender, y eligen vivir las consecuencias de su mala preparación, o de su desobediencia, a pesar de que Jesucristo, quien aprendió obediencia mediante el sufrimiento, es la prueba de que el sufrimiento sí tiene un propósito.

El sufrimiento nos puede abrir la mente para conocer verdades maravillosas. Es en medio del sufrimiento que muchos han dispuesto su corazón para creer algo maravilloso que antes no creían; y para elegir los buenos caminos que no pensaban elegir. Incluso el sufrimiento ha sido la causa de que muchos busquen la guían, el consuelo y la salvación en el varón de dolores, experimentado en quebrantos.

El mundo entero quedó pasmado cuando un inglés, que fue editor del periódico The Daily Telegraph de Londres, y un conocido crítico literario, finalmente decidió entregar su corazón a Cristo. Desde su juventud había sido ateo; y relata que algunas de sus mejores experiencias las pasó en Moscú. Al estudiar las religiones desarrolló un cinismo sarcástico. Sus compañeros oficiales en el Cuerpo de Inteligencia Británico nunca hubieran esperado que Malcom Muggeridge entregara su vida a Cristo. Quién consideraba el cristianismo una locura, se convirtió en un loco. Era periodista, autor satírico, personalidad de los medios y soldado-espía británico. Era una persona conocida como bebedora, fumadora empedernida y mujeriego en su vida anterior. Dicen que tenía un alma dura como cuero, arrogante como nadie, e inteligente como pocos. Escribió el libro Jesus rediscovered (Jesús redescubierto) y también, Un testimonio del siglo veinte. El admite que conocer los sufrimientos de Cristo fue lo que lo llevó a Cristo. El escribe: "Contrario a lo que se pudiera esperar, miro hacia atrás, a las experiencias que en su tiempo parecían especialmente desoladoras y dolorosas, y siento una satisfacción en particular. A decir verdad, puedo decir con absoluta veracidad que todo lo que aprendí en mis setenta y cinco años en el mundo, todo lo que verdaderamente ha mejorado e iluminado mi existencia, ha sido por medio de la aflicción, y no mediante la felicidad. En otras palabras, si fuera posible eliminar la aflicción de nuestra existencia terrenal mediante alguna droga o algún lío médico, como Huxley lo imaginó en su obra Nuevo mundo valiente, el resultado no sería hacer la vida más llena de deleite, sino hacerla tan superficial y trivial que no podríamos soportarla. Esto, por supuesto, es lo que la cruz significa y por ello, es la cruz, más que ninguna otra cosa, lo que me ha llamado irremediablemente a Cristo." Esta última declaración es impresionante: "Es la cruz, más que cualquier otra cosa, lo que me ha llamado irremediablemente a Cristo."

Conocí la historia de un par de mis maestros en la universidad, y me di cuenta de que ellos no se hicieron maestros de la Biblia de la nada, y que uno de sus compañeros permanentes fue el sufrimiento. Mi profesor Rex Johnson, mi maestro de consejería familiar, quien también enseñó desarrollo del carácter en líderes en el programa de maestría en Biola University, me enseñó sobre el sufrimiento, porque él realmente lo experimentó; y crió con amor a un hijo especial.

Norman Wright también fue un excelente maestro de la universidad donde estudié. Maestro de asesoramiento familiar tal como Rex Johnson, mi maestro de asesoramiento familiar. El Dr. H. Norman Wright fue uno de los consejeros cristianos más conocidos de Estados Unidos, sirvió en la Facultad de la escuela de teología Talbot en la Universidad Biola, universidad en la que me gradué. El Dr. Wright es el autor de más de 70 libros. Joyce, su esposa, era madre de dos hijos, Sheryl y Matthew, un niño con retraso mental que murió a la edad de veintidós. Joyce era una artista talentosa que aprendió a vivir con el sufrimiento, y decidió ayudar a los demás, porque fue una mujer de oración; y durante casi cincuenta años, ella y su mejor amiga Fran oraban juntas por teléfono por sus familiares, amigos y otros en necesidad. Algunas de las escrituras favoritas que recomendaban frecuentemente eran: *"Dios es nuestro refugio y fortaleza, nuestro pronto auxilio en las tribulaciones."* *(Salmo 46:1)* Y también, *"así que no temáis, porque yo estoy contigo; No desmayes, porque yo soy tu Dios. Yo te fortaleceré y te ayudaré. Siempre te sustentaré con la diestra de mi justicia"* *(Isaías 41:10)*

Las historias de estas personas, y su currículo de sufrimiento, demuestran que conocer al varón de dolores, conocer los sufrimientos que experimentó para salvarnos, conocer su poder, amor y soberanía, hacen posible que vivamos para la gloria de Dios, y tengamos victoria sobre el sufrimiento.

EL LLAMADO A SUFRIR IMITANDO EL EJEMPLO DE CRISTO

"Los hijos de Dios experimentaremos sufrimiento. Nuestro

deber es seguir el ejemplo de quien sufrió por nosotros indescriptibles ataques y tormentos, mientras pasamos por nuestras experiencias de sufrimiento."

El apóstol Pedro revela esta gran verdad cuando escribe: *"20 Es obvio que no hay mérito en ser paciente si a uno lo golpean por haber actuado mal, pero si sufren por hacer el bien y lo soportan con paciencia, Dios se agrada de ustedes. 21 Pues Dios los llamó a hacer lo bueno, aunque eso signifique que tengan que sufrir, tal como Cristo sufrió por ustedes. Él es su ejemplo, y deben seguir sus pasos."* (1 Pedro 2:20-21)

Dios nos llamó para ser santos, para vivir justamente, para hacer lo bueno; y para sufrir por lo que es correcto, porque para eso hemos sido llamados. Hemos sido llamados a ser parte de su familia, llamados a ser cristianos; y a estar en desacuerdo con el mundo y todo su sistema de pensamiento. Por nuestra vida nueva, diferente, contraria a los valores de los paganos, sufriremos la dura reacción hostil, seremos despreciados y padeceremos: "Porque también Cristo padeció por nosotros, y nos dejó su ejemplo y debemos seguir sus pasos".

Es imposible evitar todo sufrimiento en este mundo, pues nacimos en un mundo caído, que recibió la maldición divina por el pecado en el jardín del Edén (Génesis 3:17). Pablo escribe: *"20 Contra su propia voluntad, toda la creación quedó sujeta a la maldición de Dios. Sin embargo, con gran esperanza, 21 la creación espera el día en que será liberada de la muerte y la descomposición, y se unirá a la gloria de los hijos de Dios."* (Romanos 8:20-21).

La creación gime, y nosotros también, porque el sufrimiento es inevitable, pero, a diferencia de la persona que no conoce a Jesús, nosotros gemimos de esperanza. Gemimos mientras esperamos el día final de la redención, cuando "la creación misma será liberada de la esclavitud de la corrupción y se unirá a la gloria" que tendremos "los hijos de Dios."

Nosotros somos santos porque el Santo nos santifica, somos justos delante de Dios porque Él es nuestra justificación; y tenemos victoria asegurada porque estamos unidos a Cristo en su muerte y resurrección. Sufrimos en este mundo pecador, pero hemos sido apartados por Dios, adoptados en su familia, somos el objeto del amor y la gracia de Dios porque hemos sido elegidos por el Padre, redimidos por el Hijo y sellados por el Espíritu para que tengamos la garantía de que somos salvos eternamente. Este mundo no es nuestro hogar, nuestra "ciudadanía está en los cielos", tenemos una herencia eterna que nos asegura una vida de paz y felicidad; y ausente de todo sufrimiento y todo porque nuestro Salvador determinó sufrir por nosotros. El sufrimiento era necesario, Jesús sufrió por nosotros, y a nosotros se nos da el privilegio de participar en el sufrimiento de Cristo. Pablo escribe: *"24 Me alegro cuando sufro en carne propia por ustedes, porque así participo de los sufrimientos de Cristo, que continúan a favor de su cuerpo, que es la iglesia." (Colosenses 1:24).*

Ser discípulos de Jesucristo incluye bendiciones y sufrimientos. Tener una relación con el Señor significa salvación eterna, tener la provisión divina para el perdón de los pecados pasados, presentes y futuros, nos da la seguridad de que viviremos para siempre con Dios cuando terminemos esta vida de sufrimiento. También significa experimentar dificultades, rechazo, burla, aflicciones, dolor y persecución; porque las personas que rechazan a Jesús odiarán a quienes lo siguen, y porque somos seres humanos débiles y caídos que viven en un mundo caído. La meta más alta de todo discípulo debe ser conocer lo que Dios ha hecho por nosotros para vivir con gratitud; y lo que Él prohíbe y demanda de nosotros para vivir en obediencia. Pablo escribe: *"10 Quiero conocer a Cristo y experimentar el gran poder que lo levantó de los muertos. ¡Quiero sufrir con él y participar de su muerte, 11para poder experimentar, de una u otra manera, la resurrección de los muertos!" (Filipenses 3:10-11).*

Pablo dedicó tiempo, en su carta a los Filipenses, explicando que la resurrección de Jesús tiene poderosas implicaciones, y conocer al Cristo resucitado y abrazarlo significará compartir sus sufrimientos. Sin embargo, compartir los sufrimientos de Cristo también significa que un día el creyente resucitará físicamente de entre los muertos para vivir una vida sin ningún sufrimiento.

El sufrimiento no solo es de suma importancia para nosotros, debido a lo que Cristo Jesús logró por nosotros en la cruz; también es sumamente significativo porque es el medio por el cual llegamos a la perfección espiritual en Cristo. El escritor de Hebreos dice: *"9 Efectivamente, por la gracia de Dios, Jesús conoció la muerte por todos. 10 Dios, para quien, y por medio de quien todo fue hecho, eligió llevar a muchos hijos a la gloria. Convenía a Dios que, mediante el sufrimiento, hiciera a Jesús un líder perfecto, apto para llevarlos a la salvación." (Hebreos 2:9-10)*

Si Cristo fue convertido en el líder perfecto por haber pasado con resiliencia el sufrimiento, entonces, nuestro sufrimiento como hijos de Dios, y si seguimos las instrucciones divinas, nos convierte en personas maduras.

CRISTO EN NOSOTROS: LA SEGURIDAD DE PARTICIPAR DE SU GLORIA Y VIVIR EN VICTORIA.

"Cristo en nosotros es la esperanza segura de que, pese a los pecados, la maldad, las fallas, y los sufrimientos de nuestra débil humanidad, viviremos en eterna gloria y en total victoria."

Pablo se identifica con los sufrimientos de Cristo, y nos enseña que los sufrimientos de nuestro Salvador no fueron en vano, y tampoco lo serán los nuestros, pues por sus sufrimientos participaremos de su gloria, y por su victoria podemos vivir en victoria.

Pedro dice que todos los hijos de Dios hemos sido llamados al sufrimiento, y nuestro ejemplo es Cristo. El sufrimiento del Salvador es el estándar para nuestro sufrimiento. El camino a la gloria de nuestro Salvador Jesucristo fue el camino del sufrimiento, y nuestro camino a la gloria es el mismo. Cuanto mayor sea el sufrimiento por la causa de nuestro Salvador sufriente, mayor será la gloria en la vida venidera.

La visión apropiada que debemos tener de Cristo es verlo como el Salvador crucificado. La perspectiva más verdadera y pura que podemos tener sobre la persona y obra de Cristo la descubrimos cuando lo vemos como el Cristo sufriente. Él es el autor y consumador de nuestra fe, y el Cordero de Dios, el ser humano inocente de todo pecado, que enfrentó el dolor, el sufrimiento por nuestra causa. Es por su vida que tenemos vida, y por su dolor y sufrimiento hemos sido librados de la muerte eterna como pago por nuestro pecado. Cristo nos dio vida porque Él dio su vida para que no suframos muerte eterna. Es porque Él experimentó el sufrimiento que nosotros participaremos de su gloria y en medio del sufrimiento podemos vivir en victoria,

El sufrimiento de Cristo: clara muestra de su humanidad.

Cristo es el ejemplo de cómo debemos enfrentar el sufrimiento, pues Él no solo fue 100% Dios, también fue 100% hombre; fue tentado en todo, no cometió pecado. Él asumió una naturaleza humana completa, con todas sus limitaciones, pero sin renunciar absolutamente en nada a su divinidad, para de esa manera servir como representante, sustituto y ejemplo de la humanidad.

Cuando se encarnó, el Hijo de Dios asumió una naturaleza humana completa, es decir, cuerpo, alma, mente y voluntad humana. Cristo era divino y humano. Ese niño que crecía en gracia y sabiduría para con Dios y los hombres, tuvo hambre, sed, se cansó, comió, bebió y experimentó la variedad de las emociones humanas.

Para muchos, la historia de la crucifixión de Jesús se ha vuelto tan familiar que es fácil pasar por alto lo que Él realmente soportó en la cruz, cuando murió en nuestro lugar por nuestros pecados. Tendemos a subestimar el sufrimiento que tuvo en las horas previas a ser crucificado, y durante las seis horas que estuvo colgado en una cruz en nuestro lugar. El escritor de Hebreos revela su humanidad escribiendo: *"Mientras estuvo aquí en la tierra, Jesús ofreció oraciones y súplicas con gran clamor y lágrimas al que podía rescatarlo de la muerte. Y Dios oyó sus oraciones por la gran reverencia que Jesús le tenía."* *(Hebreos 5:7)*

Nuestro sufrimiento: un claro recordatorio de nuestra fragilidad.

No existe nadie más fuera de la realidad que una persona que cree que tiene la vida comprada, y que todo lo puede resistir. Soy un testigo de mi propia debilidad humana; y he visto la fragilidad de hombres fuertes, cuando están siendo consumidos por una enfermedad terminal. He visto a mujeres, orgullosas y engreídas por su belleza, ser destruidas por una enfermedad. Ha sido triste estar con ellos, y no encontrar ni siquiera palabras para poder conversar. He visitado a personas que intentaron hacerme daño, y con misericordia les he visitado en su momento de enfermedad, y he observado la humillación que produce el dolor y la cercanía de la muerte.

Yo también, en mis momentos en el hospital, he sufrido por la posibilidad de morir; y he visto en carne propia mi increíble fragilidad. He pensado en mi familia, su futuro, en mis errores, en mis logros, he sentido satisfacción y tristeza, pero, por sobre todo, lo que más me ha atraído es la cruz de mi Señor, es saber que Él sufrió por mí; que por dar su vida yo tengo vida eterna. En una de mis estadías en el hospital, en silencio cantaba: " Dios cuida de mí, bajo la sombra de sus alas, Dios cuida de mí, yo amo su casa, Y no ando solo, yo no estoy solo porque, Dios cuida de mí"; y también: "En el monte Calvario estaba una cruz, emblema de afrenta y dolor. Y yo amo esa cruz, donde Cristo expiró, por salvar al más vil pecador. Oh, yo siempre amaré esa cruz, hasta el día de mi mutación. Cuando a Cristo mi cuenta le dé, por su cruz, yo corona tendré."

En su sufrimiento, nuestro Salvador aprendió obediencia; por su obediencia se sometió al plan de salvación, y nos entregó salvación; por su gracia somos salvados, y por su poder, pese a nuestra fragilidad, podemos vivir en obediencia y santidad. Es extraordinario pensar en la cruz del calvario y su maravilloso valor para los cristianos, pero al mirarla fríamente, esa cruz fue el instrumento de muerte de nuestro Señor. La cruz es sorprendente, sobre todo porque aun las declaraciones de Jesucristo revelan que, aunque fue una experiencia aterradora, fue buena. Nuestra meta debe ser que, cuando seamos los mejores testigos de nuestra fragilidad, sigamos amando al único que puede cubrirnos con su poder, amor y bondad.

El sufrimiento: curso que le enseñó a Cristo la obediencia.

Las palabras del salmista me recuerdan la experiencia de Cristo, y las nuestras, cuando escribió: *"El sufrimiento me hizo bien, porque me enseñó a prestar atención a tus decretos." (Salmo 119:71).* Esta es una declaración extraña, pero veraz, y más extraño es saber que el curso del sufrimiento también fue tomado por nuestro Maestro. Suena extraño, pero la Biblia enseña que el Hijo de Dios aprendió obediencia mediante las cosas que sufrió. El escritor de Hebreos nos relata: *"8 Aunque era Hijo de Dios, Jesús aprendió obediencia por las cosas que sufrió. 9 De ese modo, Dios lo hizo apto para ser el Sumo Sacerdote perfecto, y Jesús llegó a ser la fuente de salvación eterna para todos los que le obedecen. (Hebreos 5:8-9)*

A primera vista, este versículo es difícil de entender, pues el Hijo de Dios es Dios, y no tiene que aprender nada. Lo que el escritor de Hebreos está diciendo es que Cristo experimentó en carne propia la difícil obediencia como humano. Esa obediencia que muestra su actitud de sumisión a cosas grandes, difíciles duras y terribles, y que se pasan con paciencia, con una resistencia no común, y con fe y total confianza en Dios. Este Cristo no podría tener esa experiencia de obediencia humana total sin padecer lo que padeció por medio de la gracia de Dios. Antes de la encarnación, el Hijo de Dios sabía lo que implicaría teóricamente la obediencia, pero la experimentó solo cuando soportó el dolor de la Cruz. Si el Hijo de Dios aprendió obediencia por medio del curso del sufrimiento, ¿quiénes somos nosotros para no tomarlo? Si Él tuvo dolor en su sufrimiento, ¿quiénes somos nosotros para no tenerlo? Existen severas lecciones que solo podemos aprender por medio del sufrimiento, pues cuando recibimos presión aumentamos nuestra fuerza. Existen ciertas cosas que debemos aprender mediante la adversidad, la desilusión y los contratiempos de la vida, que ningún otro crisol nos puede enseñar, por lo que debemos aceptar las pruebas como una bendición, no como una maldición.

Jesús sufrió por los ataques verbales de los humanos

Hay lecciones difíciles de aprender cuando uno experimenta los ataques verbales de la gente, pero no hay duda de que cuando aprendemos a pasarlos sabiamente, nos dejan una enseñanza permanente. En Juan 8 notamos que Jesús aprendió en el sufrimiento que experimentó por los terribles ataques verbales que recibió. Los fariseos religiosos y políticos lo detestaban y buscaban cada oportunidad para criticarlo, cuestionarlo, y aun atacarlo solo por decir la verdad. Cuando lo atacaron Jesús dijo: *"Pero ahora procuráis matarme a mí, hombre que os he hablado la verdad."* Jesús les dijo: *"Vosotros hacéis las obras de vuestro padre el diablo"* ; y ellos contestaron con un severo ataque diciéndole: *"Nosotros no somos nacidos de fornicación."* Lo que le estaban diciendo es: Tú eres hijo ilegítimo, tal vez de María con algún soldado romano.

Observe otro ataque en Juan 8, versículo 48: *"Respondieron entonces los judíos, y le dijeron: ¿No decimos bien nosotros, que tú eres samaritano, y que tienes demonio?"* (RVR1995) Le estaban diciendo: "Tú no eres un judío puro, eres solo un bastardo y, además, estás endemoniado."

Jesús sufrió infamias, declaraciones mentirosas, ataques personales, y acusaciones falsas que le hicieron sufrir; pero experimentó en carne propia su obligación de sujetarse a la voluntad de su Padre, y no destruir a sus enemigos, porque eran parte del plan de sufrimiento que debía experimentar, para ser el sumo sacerdote experimentado en sufrimiento.

La reacción natural es defenderse y vengarse verbalmente, y aun hacer planes para desquitarse, pero si determina pagar mal con mal pensando, ojo por ojo y diente por diente, nunca aprenderá obediencia. Jesús sufrió por los ataques verbales de las personas, y nosotros también lo sufriremos, y debemos imitar la respuesta del Maestro.

Jesús sufrió por las obras de maldad de otros

Hay lecciones difíciles de aprender, y que pueden dejar para nosotros y para otros, una enseñanza permanente, especialmente en aquellos momentos en que somos objeto de la maldad de la gente.

Las palabras de odio contra Jesús se tornaron en acciones de maldad. El odio creció al punto del homicidio. Cuando volvió a Lázaro a la vida, usted podría esperar que Jesús fuera admirado por los religiosos, pero la realidad era que los fariseos no se impresionaron en lo más mínimo, más bien, la Biblia dice que *"desde aquel día acordaron matarle."*

Jesucristo fue odiado, y sufrió por las obras de maldad de los enemigos del reino de Dios. Pero la pregunta es: ¿Afectó esto a Jesús? ¿Decidió Jesús tener más cuidado para evitar más maltrato? Juan relata que *"Como resultado, Jesús detuvo su ministerio público entre la gente y salió de Jerusalén."* *(Juan 11:54)* el Hijo de Dios era también un ser humano, sujeto al sufrimiento, y lo experimentó cuando fue despreciado y atacado por la maldad de otros. Nosotros viviremos las mismas experiencias por la maldad de otros, debemos imitar las acciones y reacciones que Cristo nos dejó como ejemplo para nosotros.

Las actitudes, las palabras y las acciones de los contemporáneos de nuestro Salvador produjeron los más grandes sufrimientos a un manso cordero, y lo llevaron al matadero. Jesús sufría por la maldad de otros, y nosotros también sufrimos por lo mismo, pero debemos imitar la respuesta del Maestro, quien sufrió todo para traernos el misterio del mensaje del evangelio, y revelarlo para nosotros.

Pablo escribe: *"26 Este mensaje se mantuvo en secreto durante siglos y generaciones, pero ahora se dio a conocer al pueblo de Dios. 27 Pues él quería que su pueblo supiera que las riquezas y la gloria de Cristo también son para ustedes, los gentiles. Y el secreto es: Cristo vive en ustedes. Eso les da la seguridad de que participarán de su gloria."* *(Colosenses 1:26-27)* Y ahora, y por su sufrimiento y victoria, podemos vivir para su gloria y en victoria, porque Cristo en nosotros es la esperanza de gloria.

Conclusión:

La verdad es que los que amamos a nuestro Salvador, y nos identificamos con sus sufrimientos, sabemos que "es la cruz, más que ninguna otra cosa, lo que nos ha llamado irremediablemente a Cristo". Nuestro Maestro aprendió la obediencia por medio del sufrimiento, y si imitamos su ejemplo, nosotros también aprenderemos que por medio de la obediencia podemos vivir en santidad y en obediencia.

JOB: LA SABIA RESPUESTA HUMANA FRENTE AL SUFRIMIENTO

"En medio de todo sufrimiento cometemos un serio error en confiar en las opiniones de otros, o depender de lo que opinamos nosotros. Para salir mejores, y por Dios aprobados, debemos solo seguir todas las instrucciones que Dios en su Palabra nos ha dejado."

Me encanta lo que escribe Miqueas con respecto a la obligación que tenemos de confiar solamente en Dios, pues Él nunca se equivoca, y ha prometido estar con nosotros hasta el fin del mundo. Miqueas escribe: *"5 No confíen en nadie, ¡ni en su mejor amigo, ni siquiera en su esposa! 6 Pues el hijo desprecia a su padre. La hija se rebela contra su madre. La nuera reta a su suegra. ¡Sus enemigos están dentro de su propia casa! 7 En cuanto, a mí, busco la ayuda del Señor. Espero confiadamente que Dios me salve, y con seguridad mi Dios me oirá. 8 ¡Enemigos míos, no se regodeen de mí! Pues, aunque caiga, me levantaré otra vez. Aunque esté en oscuridad, el Señor será mi luz. 9 Seré paciente cuando el Señor me castigue, porque he pecado contra él. Pero después, él tomará mi caso y me hará justicia por todo lo que he sufrido a manos de mis enemigos. El Señor me llevará a la luz y veré su justicia."* (Miqueas 7:5-9)
Qué maravillosa descripción de la forma como opera nuestro Dios; y por eso nuestro deber en medio de toda crisis y sufrimiento es confiar solo en Él.

Es posible que después de leer el capítulo anterior usted esté pensando, entiendo la historia maravillosa de Cristo, después de todo era Dios y humano, pero me quiere preguntar: ¿Qué puede decir del sufrimiento humano? ¿Tiene un ejemplo de alguien cuyo sufrimiento haya tenido propósito? Y me encanta que la Palabra de Dios tenga una clara contestación, pues nos relata en todo un libro de la Biblia, la experiencia de sufrimiento de un hombre a quien Dios describió como *"el mejor hombre en toda la tierra; es un hombre intachable y de absoluta integridad. Tiene temor de Dios, y se mantiene apartado del mal."* *(Job 1:8)* Ese hombre, descrito así por Dios, fue quien experimentó una de las más grandes experiencias de sufrimiento en la historia humana; y por eso podemos aprender de su experiencia, hermosas y prácticas lecciones. Aprendamos algunas lecciones de sus experiencias:

Job y su sufrimiento: la seguridad de vivir en victoria.

"Job nos muestra que todas las experiencias de la vida cristiana, sean placenteras o inconfortables, nos entregan lecciones excelentes. Que Dios nunca permite el sufrimiento para que salgamos peores, sino para que con su guía y nuestra obediencia, salgamos mejores."

Si nadie está libre de sufrimiento, todos tenemos la obligación de aprender a enfrentarlo con sabiduría; porque la meta no es solo pasar por las experiencias dolorosas, sino desarrollar resiliencia para salir mejores de ellas, y esto solo lo logramos por medio de nuestra obediencia y total sujeción a Dios.

Durante las temporadas de sufrimiento, Dios puede parecer distante o desinteresado, pero su silencio no significa despreocupación, más bien, que Él está obrando para bien lo que nosotros vemos mal. Demos una mirada a la experiencia de Job:

LA EXPERIENCIA DE JOB: lección práctica sobre la soberanía divina y la fe humana.

"Podemos aprender que Dios es soberano, y que debemos practicar una fe genuina y verdadera en todas las lecciones que Dios determina enseñarnos, aun en las experiencias difíciles, dolorosas y no placenteras."

Todo libro de la Biblia fue escrito con propósito. El libro de la biografía de Job quedó como parte del canon de las Escrituras para que, en el relato de su vida de pureza, santidad y sufrimiento, nosotros podamos entender más de la soberanía de Dios y el significado de la fe verdadera. Este hombre no es el Hijo unigénito de Dios relatando su sufrimiento, es un hijo de Dios como nosotros, que nos muestra que, pese al dolor, la angustia, la confusión y la impotencia que podemos experimentar en nuestras experiencias dolorosas, aun así, podemos confiar en Dios; podemos confiar en Dios en todo momento, aun y especialmente, cuando nos encontramos en medio del más grande sufrimiento.

Job era un hacendado respetado y prestigioso. Por su esfuerzo personal y la bendición divina, había adquirido increíbles posesiones. Como hombre próspero, tenía un poder extraordinario, y mucha gente que le servía mientras desarrollaba su vida con paz, éxito y alegría. En el libro de la Biblia, que lleva su nombre, en el relato de su diario de vida leemos que Dios decidió que viviera una gran cantidad de experiencias llenas de sufrimiento. Dios permitió todo lo que Job vivió.

Al dejar este libro como parte de la Biblia, Dios quería dejarnos lecciones para que aprendiéramos a vivir la vida que Él planificó para nosotros. Una vida que se somete y entiende la soberanía de Dios, y que practica una fe verdadera, a pesar de las circunstancias que experimenta. Job nos transmite lecciones maravillosas que aprendió. Él aprendió que el horno del sufrimiento no solo nos provee de luz para saber dónde y en qué situación nos encontramos, sino que también nos provee del calor necesario para quemar impurezas, que de otra manera nunca podrían ser eliminadas.

Sé que no es fácil entender el sufrimiento; para mí no ha sido fácil, para Job tampoco fue una tarea fácil. La tormenta le atacó por todos lados, y ese inmenso vendaval dejó seria destrucción a su paso. Este próspero hacendado, que vivía tranquilamente en la tierra de Uz, que disfrutaba de abundancia y buenas relaciones familiares, tenía miles de ovejas, camellos y ganado. Su familia era grande, y él se preocupaba de interceder regularmente por sus hijos. Tenía muchos sirvientes y bienes en abundancia; pero un día, Satanás, el acusador de los hermanos, se presentó ante Dios con una desafiante declaración. Le dijo a Dios que este hombre bueno, correcto, santo y lleno de bendiciones solo confiaba en Él porque era rico y todo le salía bien. Satanás pidió permiso al Dios soberano para mostrarle que, si le quitaba todo, su siervo Job no resistiría y abandonaría su fe. Según Satanás, Job vivía como hijo de Dios, en santidad y con sabiduría, solo por la abundancia que tenía, y porque todas las circunstancias le favorecían.

En una de esas decisiones difíciles de entender por los humanos, Dios decidió permitir a Satanás que realice acciones difíciles de resistir para cualquier ser humano; sin ninguna razón atribuible, no por mala administración, no por pecado, no por orgullo, Job perdió casi todo.

Creo que muchos estudiamos el libro de Job precisamente para tratar de saber el por qué del sufrimiento, especialmente el que experimentan aquellos que parecen no merecerlo. El relato nos muestra que su sufrimiento no era un resultado directo del pecado, aunque de eso lo acusaban sus amigos. La historia de Job nos muestra que el sufrimiento es producto de una humanidad caída, que Dios permite todo sufrimiento, que Dios es soberano, que todo lo que Él soberanamente permite, al final es para nuestro bien; que los caminos de Dios son inescrutables, que nosotros no siempre podemos comprenderlos, y que Dios siempre tiene en mente nuestro bien.

LA REACCIÓN DE JOB: lección práctica sobre nuestra actuación frente al sufrimiento.

Como resultado de su paciencia, y su fuerte confianza en Dios en medio de las más terribles experiencias, Job obtuvo una nueva comprensión de las acciones difíciles de entender de un Dios que es soberano y que nunca se equivoca ni malgasta una experiencia. Por supuesto que Job experimentó dolor, también tuvo dudas, en ciertos momentos realizó cuestionamientos, expresó su frustración, pero finalmente decidió que no tenía otra salida que someterse a Dios, porque Él es soberano.

Por su actitud de sumisión al Padre, por su espera en Dios, por su aceptación final de la voluntad soberana; y porque pese a todos los dolores que experimentó decidió no pecar, Job creció y su vida fue diferente. Job nunca más fue la misma persona, pues alcanzó un grado de madurez poco común. Job recibió un consuelo maravilloso que le permitió consolar a otros. Job aprendió sabiduría que le permitió aconsejar a otros. Job aprendió una humildad que le hizo ver la vida de una manera diferente y, por lo tanto, Job salió mejor de las pruebas y más preparado que nunca para vivir la vida abundante que Dios le prometió.

Nosotros también podemos sufrir, llorar, preguntarle a Dios, sentir dolor y a veces frustración en medio de las pruebas. A veces podemos molestarnos temporalmente, enojarnos momentáneamente, aun sentirnos incómodos, y con algo de confusión. Como Job, podemos tener muchas preguntas, dudar de la sabiduría divina y demostrar nuestra ignorancia, pero nuestra decisión debe ser la misma de Job; debemos decidir no pecar, pese al dolor y la confusión. Esta reacción sabia no le permitirá terminar con todos los sufrimientos, pero le enseñará a vivir sabiamente momento tras momento. Esta es la declaración final de Job: *"entonces Job respondió al Señor: 2 «Sé que todo lo puedes, y que nadie puede detenerte. 3 Tú preguntaste: "¿Quién es este que pone en duda mi sabiduría con tanta ignorancia?". Soy yo y hablaba de cosas sobre las que no sabía nada, cosas demasiado maravillosas para mí. 4 Tú dijiste: "¡Escucha y yo hablaré! Tengo algunas preguntas para ti y tendrás que contestarlas". 5 Hasta ahora solo había oído de ti, pero ahora te he visto con mis propios ojos. 6 Me retracto de todo lo que dije, y me siento en polvo y ceniza en señal de arrepentimiento»."* (Job 42:2-6)

EL SUFRIMIENTO DE JOB: lección práctica sobre las perspectivas diferentes sobre el mismo sufrimiento.

"El sufrimiento es una experiencia común para todos los seres humanos, pero dependiendo de las distintas formas de pensar existentes, también existirán perspectivas diferentes. Algunos se revelan y desprecian las lecciones del sufrimiento, y otros no intentan cambiar lo incambiable; más bien tienen un corazón sumiso y enseñable".

Al examinar la experiencia de Job podemos concluir que existen diferentes perspectivas con respecto al mismo sufrimiento. La perspectiva de Satanás es que, la gente cree en Dios y le ama solamente cuando es objeto del favor divino, y cuando disfruta regularmente de la provisión y abundancia divina. *"9 Satanás le respondió al Señor: Sí, pero Job tiene una buena razón para temer a Dios: 10 siempre has puesto un muro de protección alrededor de él, de su casa y de sus propiedades.*

Has hecho prosperar todo lo que hace. ¡Mira lo rico que es! 11 Así que extiende tu mano y quítale todo lo que tiene, ¡ten por seguro que te maldecirá en tu propia cara!" (Job 1:9-11)

Aunque esta declaración no era verdadera en el caso de Job, sí existen millones de personas que confían en Dios solamente para tratar de obtener algo de Él; también existen quienes solo se acercan a Dios y le sirven o le aprecian cuando tienen abundancia y todo les sale bien; y otros que se revelan cuando experimentan lo que ellos consideran circunstancias injustas.

Juan 14:15 dice: *"Si me amáis, guardad mis mandamientos"*. La demostración de nuestro amor es la obediencia, y ésta no se debe desarrollar por lo que Dios nos da sino por lo que Dios es. Él es amor, Él nos ama, y nosotros, porque somos sus hijos, debemos también amarle. Una forma incorrecta de amar a Dios es amarlo transaccionalmente; es decir, amarlo solo por lo que Él puede darnos. Es fácil darle valor a Dios por lo que Él puede hacer por nosotros, pero debemos amar a Dios por quien es, no por los beneficios que puede darnos.

Los tres conocidos de Job tenían otro punto de vista: ellos pensaban que el sufrimiento siempre es el juicio de Dios, debido a los pecados que cometemos.

Esto no es verdad; no todo sufrimiento es producto de la ira de Dios. Pablo escribe a los corintios que quienes participan de la cena del Señor indignamente serán disciplinados. Él dice: *"30 Esa es la razón por la que muchos de ustedes son débiles y están enfermos y algunos incluso han muerto. 31 Si nos examináramos a nosotros mismos, Dios no nos juzgaría de esa manera. 32 Sin embargo, cuando el Señor nos juzga, nos está disciplinando para que no seamos condenados junto con el mundo." (1 Corintios 11:30-32)*

El aguijón de Pablo, que le causaba gran sufrimiento, no era el resultado de pecado, sino una determinación divina de permitirle mantener ese sufrimiento, y no terminarlo con un propósito específico. (2 Corintios 12:8-9)

Podemos experimentar sufrimiento debido a nuestros pecados, como consecuencias naturales del desorden de nuestra vida, y también debemos recordar que Dios disciplina toda desobediencia. No existe pecado tan pequeño que no active la sabia disciplina divina. Pero no todo sufrimiento es producto de un pecado personal, aunque todo sufrimiento, toda enfermedad y la muerte son producto del pecado de Adán.

EL SUFRIMIENTO HUMANO: el acertado punto de vista divino.

"El punto de vista de Dios es que el sufrimiento nos permite conocer su forma soberana de operar, y que nuestra fe en Él es clave para no solo soportar el sufrimiento, sino aprender las lecciones excelentes que existen en la obediencia que nos permiten vivir una vida de excelencia, y desarrollar resiliencia."

Cuando se trata del sufrimiento, el punto de vista divino es el único y el más importante, y por lo tanto debemos aceptar las lecciones que Dios entregó a Job, y hacerlas parte de nuestra vida. Observemos algunas de ellas:

Primero, que Dios es infinito en sabiduría, que nunca se equivoca y sus acciones siempre son buenas; y debemos aceptar lo que él está haciendo, aunque no lo entendamos.

Job reconoce esta verdad: *"8 Voy hacia el oriente, pero él no está allí; voy hacia el occidente, pero no puedo encontrarlo. 9 No lo veo en el norte, porque está escondido; miro al sur, pero él está oculto. 10» Sin embargo, él sabe a dónde yo voy..." (Job 23:8-10)*

Segundo, que Dios es perfecto en amor, y que todo lo que hace es siempre para nuestro bien; y que solo debemos seguir sus instrucciones amorosas para salir bien de la prueba.

Job dice: *"cuando me ponga a prueba, saldré tan puro como el oro. 11 Pues he permanecido en las sendas de Dios; he seguido sus caminos y no me he desviado. 12 No me he apartado de sus mandatos, sino que he atesorado sus palabras más que la comida diaria…" (Job 23:10a-12)*

Tercero, que todos los seres humanos experimentaremos tragedias, accidentes, enfermedades y la muerte; y que aun las buenas personas, y sin razón humana, podemos experimentar sufrimientos.

Dios dijo que Job era *"8 El mejor hombre en toda la tierra; es un hombre intachable y de absoluta integridad. Tiene temor de Dios y se mantiene apartado del mal." (Job 1:8)*

Cuarto, que pese al dolor, la angustia, la confusión, la impotencia que experimentamos en el sufrimiento, nunca debemos perder la esperanza en Dios.

Job dice: *"15 Dios podría matarme, pero es mi única esperanza; voy a presentar mi caso ante él." (Job 13:15)*

Quinto, que nuestros amigos pueden fallarnos en medio de nuestra miseria, pero Dios nunca lo hace.

Job reconoce esta verdad con estas palabras: *"20 Mis amigos me desprecian, y derramo mis lágrimas ante Dios." (Job 16:20)*

Sexto, que debemos responder con sabiduría y sabio entendimiento en medio de todo sufrimiento; y que cuando pecamos, debemos responder con un sincero arrepentimiento.

Job declara: *"28 Esto es lo que Dios dice a toda la humanidad: El temor del Señor es la verdadera sabiduría; apartarse del mal es el verdadero entendimiento".* *(Job 28:28) Y también dice: "42 Me retracto de todo lo que dije, y me siento en polvo y ceniza en señal de arrepentimiento".* *(Job 42:6)*

Séptimo, que Dios promete que disciplinará a los desobedientes, y bendecirá a los obedientes que siguen sus instrucciones, y les dará las bendiciones que Él estime convenientes, aunque no sean las que nosotros esperamos.

En medio de errores y aciertos, Job hizo lo que debía durante el sufrimiento y aun después de superarlo. En Job 42 se nos relata que él hizo un holocausto por sus amigos, y oró por ellos, como Dios le ordenó que hiciera. Dios aceptó la oración de Job por ellos; compensó la obediencia de su hijo Job, y le duplicó todo lo que tenía, y *"el Señor bendijo a Job en la segunda mitad de su vida aún más que al principio... pudo ver cuatro generaciones de sus hijos y nietos. Luego murió siendo muy anciano, después de vivir una vida larga y plena."* *(Job 42:12 y 16)*

Hermoso final de una maravillosa historia. Seguramente no viviremos todas las tragedias que Job tuvo, ni todas las pérdidas que experimentó.

La historia de Job en la Biblia muestra a un hombre que sufrió, pero nunca se alejó de Dios. Job no entendió todo y se frustró, pero aun así mostró paciencia y sometimiento a Dios. En medio de su dolor y momentos de frustración Job todavía decía:

"21 El Señor me dio lo que tenía, y el Señor me lo ha quitado. ¡Alabado sea el nombre del Señor!»." *(Job 1:21).*

Conclusión:

"Nuestro sufrimiento puede ser menor o mayor pero nuestra respuesta frente a todo sufrimiento no puede ser otra que la que nos mostró este ser humano y maravilloso hijo de Dios llamado Job; y no puede ser distinta a la respuesta de Jesucristo, el varón de dolores experimentado en quebrantos."

Capítulo 6

LECCIONES GRANDIOSAS DEL MAESTRO SUFRIENTE

"Dios no es un sádico que disfruta de nuestro sufrimiento, o que busca esta escuela dolorosa para enseñarnos sin tener ninguna razón, y sin tener planes y propósitos para nuestra vida. Él es el mejor Maestro que nos enseña grandes lecciones, porque sus propósitos son maravillosos, sus lecciones son sabias, sus pruebas son necesarias, y su amor y cuidado nunca falla."

Dios nos conoce y sabe que puede arreglar todos nuestros problemas, porque es todopoderoso. Él ha determinado que en ciertas ocasiones hará un milagro, pero en la mayoría de los casos, Él nos dará la salida para que todo redunde en nuestro bien. Nuestro problema es que no queremos pasar por el esfuerzo de buscar y entender las salidas divinas, no queremos asumir nuestra responsabilidad y queremos que Dios se encargue de hacer lo que Él nos ha encargado a nosotros. Nuestro problema es que queremos seguir nuestros caminos, que se cumplan nuestros pensamientos y encontrar nuestras soluciones, a pesar de que nuestros caminos, pensamientos y soluciones son necios y falibles cuando las comparamos con las soluciones, los pensamientos, los caminos y los propósitos de Dios, que son sabios e infalibles.

Lecciones divinas importantes, que resultan del sufrimiento humano

"Debido a que Dios es soberano; y aunque naturalmente no entendemos sus designios, debemos aceptarlos y aprender las lecciones que quiere enseñarnos. En medio de las experiencias dolorosas, no debemos preguntar a Dios ¿Por qué sufrimos injustamente?, sino ¿Para qué Dios permite nuestro sufrimiento soberanamente?"

Estoy convencido que tengo que examinar el por qué estoy sufriendo; y llegaré a la conclusión que sufro porque soy humano, porque soy débil, porque soy sensible, porque a veces soy rebelde, ingenuo, ignorante, o porque todos experimentamos una tragedia, o porque existe maldad en el mundo y maleantes me robaron o asaltaron; o sufro porque compañeros de trabajo mienten; y un mal gerente me despide. Pero he tomado la determinación de que cuando Dios permite algo debo asegurarme por qué estoy sufriendo e identificar la causa y tratar de corregirla; pero también debo preguntarme para qué Dios me está permitiendo esta experiencia. Es nuestro deber preguntarnos qué motivo tiene Dios para permitir una experiencia dolorosa en nuestra vida.

Si el clavo pudiera hablar, ¿qué preguntaría al martillo? Tal vez le diría: martillo, ¿por qué me golpeas, qué te he hecho yo para que me golpees? Si el martillo pudiera hablar, le diría: para eso te hicieron clavo, para eso tienes cabeza, para que te golpee y no pierda ningún martillazo.

Si el metal pudiera hablar le diría a la lima: ¿por qué me estás limando, por qué me estas desgastando? Y también, si el oro pudiera hablar le diría al fuego: ¿por qué me estás quemando? Pero si el martillo tuviera vida, si la lima tuviera vida dirían: yo no me muevo solo, yo solamente soy un instrumento en las manos del Maestro sabio, que está haciendo lo necesario para que sea lo que debo ser. El fuego diría: yo no me prendí solo, el experto me prendió y te metió a ti para que seas refinado. Siempre debemos recordar que cuando sufrimos, el Maestro está dirigiendo todo, y por eso debemos seguir todas las instrucciones que Él nos entrega. Estudiemos ahora algunas importantes lecciones que debemos aprender:

Primera lección:

El Dios que permite que suframos en ciertos momentos, siempre tiene un propósito mientras nos prepara una eternidad sin sufrimiento.

"Dios permite el sufrimiento que resulta de la naturaleza débil, pecadora y mortal de los humanos, para que aprendamos lecciones que de otra manera no podríamos aprender. Dios nos asegura que Él no solo nos ayudará y consolará en este mundo de dolor y tormento, sino que, además, prepara para nosotros una eternidad sin sufrimiento."

El apóstol Pedro ofrece una explicación de cómo podemos gozarnos y tener esperanza en tiempos de problemas; y explica lo que Dios ha hecho y está haciendo por nosotros. Nos dice que Dios nos ayudará en este mundo de sufrimiento, y en el otro mundo quitará todo sufrimiento. Pedro escribe: *"5 Por la fe que tienen, Dios los protege con su poder hasta que reciban esta salvación, la cual está lista para ser revelada en el día final, a fin de que todos la vean. 6 Así que alégrense de verdad. Les espera una alegría inmensa, aunque tienen que soportar muchas pruebas por un tiempo breve."* (1 Pedro 3:5-6)

Podemos experimentar gozo cuando entendemos que somos hijos de Dios, y que estamos siendo protegidos por Dios en medio de las situaciones más difíciles. Debemos entender que nos protege debido a su compasión, y que el gozo que tendremos cuando vivamos con Él no tiene comparación.

Es posible que Dios no haya determinado que usted tenga esa enfermedad, tal vez usted la adquirió por su mala mayordomía e irresponsabilidad, pero, aunque vivamos las experiencias más duras, recuerde que Dios nunca lo dejará sin herramientas para poder pasar por ellas. La presencia del sufrimiento personal nos advierte que Dios es soberano, que nada ocurre si no es por su soberana voluntad y que Él está trabajando para nuestra eternidad, no para nuestra comodidad.

Es cierto, existen momentos en que Dios soberanamente, y con razón, ha planificado todo. En ocasiones, Dios permite pruebas para probar nuestra fe, no porque Él no la conozca, no porque Él quiera investigar; recuerde que Él lo sabe todo; Dios permite pruebas para que nosotros estemos conscientes del nivel de nuestra fe, del crecimiento que hemos tenido y las falencias que aún deben ser corregidas. Al entender que en ese momento Dios está revelándonos cosas de nosotros mismos que no conocemos, podemos dar la bienvenida a la prueba, porque Dios nos está mostrando nuestras debilidades y fortalezas. Para los que maldicen, reniegan y maltratan a otros por el dolor de la prueba que están experimentando, esas erróneas reacciones son la mejor prueba de dónde están fallando. Quienes reniegan son testigos reales de su inmadurez. Dios está actuando en forma increíble en medio de las pruebas, para darnos lecciones que no podríamos aprender de otra manera.

Pedro agrega: "*7 Estas pruebas demostrarán que su fe es auténtica. Está siendo probada de la misma manera que el fuego prueba y purifica el oro, aunque la fe de ustedes es mucho más preciosa que el mismo oro. Entonces su fe, al permanecer firme en tantas pruebas, les traerá mucha alabanza, gloria y honra en el día que Jesucristo sea revelado a todo el mundo.*" (1 Pedro 1:7)

Si queremos pasar la eternidad con Dios, debemos estar seguros de que somos sus hijos. Es en medio de la prueba donde podemos entender si somos realmente hijos de Dios; es en ella, en las reacciones que tenemos, donde se nos revela si somos salvos, si somos hijos de Dios y si realmente confiamos en Él. Si usted maldice a Dios, si abandona su proceso, tal vez nunca ha sido hijo de Dios y tal vez se fue de la comunión de los hermanos porque no era de nosotros. Es en medio de la presión que se ve la calidad de las cosas, y determinamos si la prenda es genuina. Es en medio de la prueba que los hijos de Dios responden como lo que son, hijos de Dios. A veces responden con dolor, con enojo, a veces con tristeza y sumisión, pero es porque están debilitados, no porque no sean salvados.

El gozo de la salvación es real. No es un momento de emoción, que se obtiene al cantar emocionados en la iglesia, es un gozo extraordinario por comprender la verdad de que nuestra salvación está segura, y que, aunque pasemos por temporadas de sufrimiento, Dios está con nosotros y que nunca nos abandonará. Debemos recordar que este sufrimiento no podrá en nada impedir la salvación que ya tenemos en Cristo, es solo otra prueba de que somos hijos genuinos. No nos alegramos de sufrir, nos alegramos porque sabemos que ese sufrimiento tendrá un fin. Nos alegramos porque sabemos que somos seres humanos, y que todos los seres humanos se enferman, sufren accidentes, tienen experiencias dolorosas, pero solo los hijos de Dios tenemos la protección, la sanidad y la restauración de un Dios todopoderoso. No nos alegramos por el dolor, sino porque, para ayudarnos a seguir en el camino, a nuestro lado tenemos al Señor. Nos alegramos porque *"Por la resurrección de Jesucristo de los muertos…"* fuimos elegidos soberanamente por Dios *"para una herencia incorruptible, incontaminada e inmarcesible, reservada en los cielos para vosotros…"*

Después de tanto sufrimiento, pese a todas las luchas que vivieron, los judíos continuaban mirando a su herencia en la tierra prometida, la tierra de Canaán. Nosotros debemos continuar avanzando en medio del sufrimiento, con la vista puesta en la herencia que Dios nos ha reservado y que no se desvanecerá ni la podemos perder.

En el versículo 6 dice *"en lo cual vosotros os alegráis..."* Esta palabra es más que una simple alegría por una situación emocionante, es más bien un gozo que excede a las emociones humanas, y que es similar al descrito en Mateo 5:12 *"gozaos y alegraos, porque vuestro galardón es grande en los cielos; porque así persiguieron a los profetas que fueron antes de vosotros."*

Pedro asegura que es un sufrimiento positivo, y esto es difícil de entender. Aun los discípulos tuvieron problemas para entenderlo. En el aposento alto Jesús les dijo: *"20 de cierto, de cierto os digo, que vosotros llorareis y lamentareis, y el mundo se alegrará; pero, aunque vosotros estéis tristes, vuestra tristeza se convertirá en gozo. 21 La mujer cuando da a luz tiene dolor, porque ha llegado su hora; pero después que ha dado a luz un niño, ya no se acuerda de la angustia, por el gozo de que hay nacido un hombre en el mundo. 22 También vosotros ahora tenéis tristeza; pero os volveré a ver, y se gozara vuestro corazón, y nadie os quitara vuestro gozo. (Juan 16:20-22)*

Jesús les dice que, a pesar del dolor, pueden regocijarse porque un día el sufrimiento se terminará. Ellos llorarían la muerte de su Maestro, pero se alegrarían porque el plan divino seguiría adelante, y en el tiempo ordenado por Dios, su Salvador resucitaría.

Pablo dice que somos herederos de Dios, que fuimos predestinados para que por medio de la aceptación del mensaje del evangelio seamos sellados por el Espíritu Santo, el mismo que vive en nosotros, que nos da la garantía de que le pertenecemos, y que se cumplirán sus promesas de una vida eterna sin sufrimiento. Es real entonces que Dios, en medio de las temporadas de dolor, angustia, confusión y tormento nos está preparando para una eternidad sin sufrimiento.

Principio para recordar:

"Todo sufrimiento es duro, y nos afecta a todos los seres humanos, pero tenemos esperanza de que un día terminará toda experiencia angustiosa y que nos produce dolor, cuando vivamos eternamente con nuestro amoroso Salvador."

A partir de este momento, le invito a estudiar conmigo para desprender lecciones importantes sobre el sufrimiento, ahora basadas en la segunda carta a los Corintios capítulo 1:

Segunda lección:

El Dios que permite nuestro sufrimiento también pone a nuestra disposción líderes bien preparados bíblicamente, para que nos orienten sabia y prácticamente.

"El Dios que nos ha elegido para ser parte de su familia nos entrega principios prácticos por medio de líderes bien preparados para enseñarnos a pasar por los sufrimientos que Él soberanamente ha permitido o ha provocado."

Pablo escribe: *"1 Yo, Pablo, elegido por la voluntad de Dios para ser un apóstol de Cristo Jesús, escribo esta carta junto con nuestro hermano Timoteo. Va dirigida a la iglesia de Dios en Corinto y a todo su pueblo santo que está en toda Grecia."* *(2 Corintios 1:1)*

Me encanta que el apóstol se identifique con toda claridad, y que nos asegure que fue elegido por la voluntad de Dios para entregar instrucciones, que de otra manera no podemos recibir. Su carta dirigida al pueblo de Dios nos entrega lecciones no solo basadas en la sabiduría divina, sino también en las experiencias difíciles que él mismo tuvo que vivir, y que logró pasar con la ayuda de Dios. Ese Dios le ordena escribirnos a nosotros acerca del sufrimiento.

Si cree que la vida de Pablo fue de alegría en alegría, comprenderá que no es verdad, pues él mismo puede contarle su testimonio y nos presenta sus credenciales para hablar sobre el sufrimiento. Ponga mucha atención a este relato de Pablo, que demuestra su autoridad para instruirnos sobre el sufrimiento: *"23 Sé que sueno como un loco, ¡pero yo lo he servido mucho más! He trabajado con más esfuerzo, me han encarcelado más seguido, fui azotado innumerables veces y enfrenté la muerte en repetidas ocasiones. 24 En cinco ocasiones distintas, los líderes judíos me dieron treinta y nueve latigazos. 25 Tres veces me azotaron con varas. Una vez fui apedreado. Tres veces sufrí naufragios. Una vez pasé toda una noche y el día siguiente a la deriva en el mar. 26 He estado en muchos viajes muy largos. Enfrenté peligros de ríos y de ladrones. Enfrenté peligros de parte de mi propio pueblo, los judíos, y también de los gentiles. Enfrenté peligros en ciudades, en desiertos y en mares. Y enfrenté peligros de hombres que afirman ser creyentes, pero no lo son. 27 He trabajado con esfuerzo y por largas horas y soporté muchas noches sin dormir. He tenido hambre y sed, y a menudo me he quedado sin nada que comer. He temblado de frío, sin tener ropa suficiente para mantenerme abrigado. 28 Además de todo eso, a diario llevo la carga de mi preocupación por todas las iglesias. 29 ¿Quién está débil sin que yo no sienta esa misma debilidad? ¿Quién se ha dejado llevar por mal camino sin que yo arda de enojo? 30 Si debo jactarme, preferiría jactarme de las cosas que muestran lo débil que soy. 31 Dios, el Padre de nuestro Señor Jesús, quien es digno de eterna alabanza, sabe que no miento. 32 Cuando estuve en Damasco, el gobernador bajo el mando del rey Aretas puso guardias en las puertas de la ciudad para atraparme. 33 Tuvieron que descolgarme en un canasto por una ventana en el muro de la ciudad para que escapara de él.". (2 Corintios 11:23-33)*

Esta es, sin duda, una historia de sufrimiento; desde el punto de vista humano, sufrimiento injusto. Pablo relata que estos son sufrimientos por causa de la predicación del evangelio, pero eran parte del plan soberano de Dios.

Pablo no nos entrega una explicación teórica sobre el sufrimiento. Nos relata sus propias experiencias de dolor, confusión, angustia y temor que Dios le permitió vivir. Sus experiencias nos muestran la protección y el cuidado de Dios en todo momento, aun en medio de tanto sufrimiento. Todos los que sufren injustamente deben recordar que Dios es soberano y que, aunque él tiene el poder de evitarnos toda experiencia dolorosa, en determinados momentos él soberanamente permite que pasemos por este curso difícil, pero imprescindible.

El programa de Dios nunca incluye algo para destruirnos, o para que perdamos el tiempo; todo lo hace y lo permite para nuestro bien; pero nosotros, por nuestra errónea forma de enfrentarlo, perdemos el tiempo, herimos a otros, y nos destruimos solo por no seguir las instrucciones divinas.

Principio para recordar:

"Dios ha llamado líderes que, cuando se preparan para cumplir con excelencia la razón de su llamamiento, nos pueden amar, apoyar y orientar para enfrentar bíblicamente nuestras temporadas de sufrimiento."

Nos corresponde ahora estudiar la tercera lección que aprendemos en el sufrimiento.

Tercera lección:

Debido a que el sufrimiento es una experiencia angustiosa, Dios nos ofrece su gracia y su paz para poder resistir toda temporada dolorosa.

"Necesitamos ese favor divino no merecido, y la paz en medio de las experiencias dolorosas por Dios permitidas, para que las pasemos con éxito y recibamos la enseñanza por Dios planificada."

Observe el versículo 2:
"Gracia y paz a vosotros de Dios nuestro Padre, y del Señor Jesucristo". La mención de "Gracia y paz" es importante pues no son palabras escritas para llenar el espacio. La verdad es que solo por la gracia y la paz divinas podemos pasar por las experiencias más dolorosas. Eso es precisamente lo que nos sostiene cuando el sufrimiento arrecia y sobrepasa nuestras fuerzas. La gracia es el favor no merecido que recibimos de Dios, esa gracia que necesitamos para poder subsistir en el sufrimiento.

La paz de Dios sobrepasa todo entendimiento, y es nuestra necesaria ayuda en medio del sufrimiento. Me encanta lo que Pablo escribe a los filipenses: *"6 No se preocupen por nada; en cambio, oren por todo. Díganle a Dios lo que necesitan y denle gracias por todo lo que él ha hecho. 7 Así experimentarán la paz de Dios, que supera todo lo que podemos entender. La paz de Dios cuidará su corazón y su mente mientras vivan en Cristo Jesús."* (Filipenses 4:6-7)

Dios demanda que estemos en comunión con Él, que oremos, que vivamos con gratitud, que pidamos la sabiduría, la dirección que necesitamos para pasar por la prueba, porque solo obedeciendo podemos experimentar "la paz de Dios que supera todo lo que podemos entender." Esa extraordinaria provisión de gracia y paz motiva al apóstol a presentar unas palabras de alabanza cuando dice: *"Toda la alabanza sea para Dios, el Padre de nuestro Señor Jesucristo", porque "Dios es nuestro Padre misericordioso y la fuente de todo consuelo."*

Por su gracia y su misericordia, y por ser un Dios de toda consolación, cuando enfrentamos la tentación, Él tiene preparada la salida, un camino que debemos encontrar investigando la verdad, y sometiéndonos a ella, aunque sea difícil y no nos guste.

Principio para recordar:

"Cuando perdemos toda esperanza, y parece que seremos destruidos en la temporada de sufrimiento, Dios nos extiende su amor y su gracia maravillosa para que podamos resistir con su ayuda poderosa."

Estudiemos ahora la cuarta lección:

Dios nos consuela en todo momento para aliviar nuestro dolor, y para que aprendamos a consolar a quienes pasan por temporadas de sufrimiento.

"El Dios que nos consuela nos da una lección de consolación para que mediante la experiencia dolorosa y el consuelo poderoso que Él nos otorga a nosotros, adquiramos la habilidad de consolar también a otros."

Pablo escribe: *"3 Toda la alabanza sea para Dios, el Padre de nuestro Señor Jesucristo. Dios es nuestro Padre misericordioso y la fuente de todo consuelo. 4 Él nos consuela en todas nuestras dificultades para que nosotros podamos consolar a otros. Cuando otros pasen por dificultades, podremos ofrecerles el mismo consuelo que Dios nos ha dado a nosotros..."* (2 Corintios 1:3-4)

Detengámonos allí un momento, y notemos cuán real es esta declaración, porque es obvio que Dios quiere que entendamos el "para qué" ocurren las cosas. Debido a que Él no desperdicia experiencia y las programa o permite soberanamente, Él desea que nosotros aprendamos lecciones "para que" ministremos a otros de la misma forma que nosotros hemos sido ministrados. Dios ordena que nos convirtamos en canales de consuelo, en fuentes de consolación. Pablo dice *"Porque de la manera que abundan en nosotros las aflicciones de Cristo, así abunda también por el mismo Cristo nuestra consolación."* Frente a la abundante aflicción, también disfrutamos de abundante consuelo; y luego podemos ser de abundante consolación para quienes pasan por sufrimientos.

Aprendamos algunas verdades de estas importantes afirmaciones de Pablo:

Primero, Pablo afirma que Dios es lleno de misericordia como para comprender nuestro sufrimiento, y lleno de consuelo como para consolarnos en toda tribulación. El consuelo divino es inagotable; por eso Pablo dice: *"Dios de toda consolación, el cual nos consuela en todas nuestras tribulaciones..."*

Tenemos un Dios Padre lleno de misericordia, que conoce el sufrimiento que experimentó su Hijo, que estuvo junto a Él. El sufrimiento fue tan grande que en la cruz su Hijo exclamó, Padre ¿por qué me has abandonado? Lo mismo le ocurrió a Job, quien en ciertos momentos de su experiencia de sufrimiento, se sintió abandonado, y así también podemos sentirnos nosotros. Pero Pablo nos recuerda que tenemos un Padre que estuvo al lado de su Hijo quien experimentó el más grande sufrimiento que puede experimentar un humano. Nuestro Padre celestial brindó consuelo a su Hijo; y el Hijo nos brindará consuelo a nosotros, pues está capacitado para brindar todo tipo de consolación, y es una fuente inagotable de consuelo.

Recuerde esta afirmación de Pablo con la que inicia su carta: *"Toda la alabanza sea para Dios, el Padre de nuestro Señor Jesucristo. Dios es nuestro Padre misericordioso y la fuente de todo consuelo."* Recuerde que la misericordia es una virtud del amor, y Dios, por su misericordia no nos da lo que merecemos. No existe dolor ni angustia que Él no pueda consolar. Por medio del paracleto, del consolador, no solo nos da su consuelo, sino también el poder para enfrentar lo que es imposible para nosotros.

Segundo, Pablo nos enseña que tenemos un Dios lleno de consuelo, y que el propósito de su consuelo es prepararnos para que seamos instrumentos de consolación.

Pablo dice: *"Él nos consuela en todas nuestras dificultades para que nosotros podamos consolar a otros."* Dios nos enseña cómo consolar, brindándonos el consuelo que tanto necesitamos. Pablo es un buen ejemplo de esto, pues no solo en sus cartas, sino con sus palabras, con su presencia, con sus acciones, fue instrumento de consolación para muchos. Esa es la razón porque él pudo ser tan efectivo en su consuelo, esa es también la razón porque aún sus cartas nos siguen orientando y consolando. Él pasó por mucho sufrimiento, fue consolado por su Señor, aprendió las lecciones, y por eso nos orienta y consuela a nosotros. Pablo tiene un increíble currículo de sufrimiento, que hemos estudiado anteriormente. Sufrió persecuciones, fue encarcelado, azotado y golpeado repetidamente, y aun fue apedreado. Sufrió algunos naufragios, y también conoció muchas noches frías y de insomnio y días de hambre y sed, en todo y siempre fue consolado.

No creo que nuestro sufrimiento se compare al que experimentó el Maestro y tampoco al que experimentó el apóstol. Ambos fueron consolados, y en el consuelo que recibió Cristo se inició la cadena de consuelos. Dios el Padre consoló a su Hijo, el Hijo de Dios, descrito en la Biblia como *"experimentado en quebrantos"*, que por su sufrimiento aprendió obediencia, consoló y guió a Pablo, y Pablo fue consolado en todas esas tribulaciones para compartir con nosotros el mismo consuelo que había recibido. Les dice a los filipenses (1:8) *"8 Dios sabe cuánto los amo y los extraño con la tierna compasión de Cristo Jesús."* A los tesalonicenses les dice: *"7 Como apóstoles de Cristo, sin duda teníamos el derecho de hacerles ciertas exigencias; sin embargo, fuimos como niños entre ustedes. O bien, fuimos como una madre que alimenta y cuida a sus propios hijos. 8 Los amamos tanto que no solo les presentamos la Buena Noticia de Dios, sino que también les abrimos nuestra propia vida."* (1 Tesalonicenses 2:7-8)

Esta cadena de consuelo no debe terminarse en la vida de los apóstoles que fueron consolados en sus tribulaciones; la orden es que nosotros seamos el siguiente eslabón de la cadena del consuelo. Recuerde que somos una familia, y debemos aprender a convivir como hermanos y aprender a apoyarnos mutuamente. El sufrimiento obliga a quienes se aman a buscar la unidad, y Dios nos revela que el sufrimiento que experimentamos es para que el Padre de toda consolación nos consuele, para que nosotros podamos consolar a todos los que se relacionan con nosotros y que están sufriendo; y para que lo hagamos con el mismo consuelo que nosotros hemos sido consolados.

El ser humano es pecador; y por ello existe abuso infantil, violaciones, drogadicción, insultos, maltrato, violencia; todos los seres humanos fallamos, pecamos y por ello sufren personas inocentes. El sufrimiento nos acompañará toda la vida, pero la diferencia está en que los hijos de Dios tenemos el poder de Dios para soportar, tenemos la oración para buscar la ayuda divina, tenemos la guía de la Palabra de Dios para saber cómo debemos actuar frente a todas las situaciones; tenemos la orientación de líderes sabios que aman a Dios, que saben interpretar las Escrituras, y saben aconsejarnos para que tengamos no solo consuelo, sino también orientación para ser mejores. Es por ello que no solo somos consolados porque alguien se acerca y nos dice que lo siente, que va a orar por nosotros, sino porque líderes sabios ponen a nuestra disposición todos los recursos esenciales que Dios ha dejado para que con su guía podamos aprender a enfrentar la situación. Y luego, por el consejo recibido, por la orientación que tuvimos y los cambios que realizamos, podemos tener empatía con aquellos hermanos que sufren y necesitan nuestro consuelo; y podemos unirnos a ellos para hacer por ellos lo que otros y Dios hicieron por nosotros. Cuando otros sufren las mismas aflicciones estamos preparados para consolarlos con el consuelo que nosotros hemos recibido. Es por ello que existe conexión, mutualidad, apoyo en todo el proceso.

Recuerde que Dios nunca malgasta una prueba y todas las cosas que suceden de acuerdo con su voluntad es para el bien de los que le aman. Dios siempre nos está preparando, no solo para que vivamos conforme a su soberana voluntad, sino también para que con nuestro consuelo le hagamos bien a los demás.

Nuestro deber es aprender las lecciones que en el sufrimiento están escondidas; es buscar la guía divina y actuar conforme Dios nos ordena, pues en ese proceso de consuelo debemos convertirnos en instrumentos de consolación. Quien fue alcohólico, y por Dios fue restaurado, puede consolar. Si Dios le ayudó para que dejara su dependencia y logró hacerlo, debe convertirse en fuente de consuelo y guía para los alcohólicos que sufren los estragos de su dependencia.

El hijo de Dios que pasó por un divorcio; y que por la gracia de Dios recibió la ayuda de algún consejero que le guió y le compartió la consolación divina, ahora con todo el conocimiento aprendido, debe convertirse en un instrumento de consolación. Si Dios le dio esperanza cuando no la tenía, si Dios le dio consuelo cuando estaba triste, consuele a los que sufren, ese es su ministerio.

Pablo nos dice que *"6 Aun cuando estamos abrumados por dificultades, ¡es para el consuelo y la salvación de ustedes! Pues, cuando nosotros somos consolados, ciertamente los consolaremos a ustedes."* *(2 Corintios 1:6)* En las dificultades somos presionados por Dios para que saquemos todos los recursos que Él nos da para que enfrentemos el sufrimiento sabiamente y podamos luego consolar a otros bíblicamente. Esto es lo que Pablo escribe: *"6 Entonces podrán soportar con paciencia los mismos sufrimientos que nosotros. 7 Tenemos la plena confianza de que, al participar ustedes de nuestros sufrimientos, también tendrán parte del consuelo que Dios nos da."* *(2 Corintios 1:6-7)*

La guía y el consuelo divino nos ayudan a soportar con paciencia y salir mejores de la aflicción que nos aqueja. Las lecciones que aprendemos en el proceso las podemos enseñar a otros; y así, cuando otros sufran y sean consolados, todos tendremos gratitud por el consuelo que Dios nos otorga.

Si ha pasado o está pasando por la temporada lógica de duelo por la partida de un ser querido, no se sienta mal si le duele su ausencia, si sufre, si siente confusión, ansiedad y angustia. Usted es un ser humano, y es normal que sufra por la partida de una persona que ama, pero recuerde que el consolador quiere consolarle, que el que sufrió por nosotros, y comprende sus angustias, está listo a brindarle el consuelo por medio de otros que ya pasaron por sufrimientos y que también fueron por Él consolados.

Piense bien, elija la mejor actitud, busque la orientación necesaria y trate de aprender todas las lecciones que existen en un proceso de tribulación que vivimos por enfermedad, por pérdidas, por divorcios o por la partida de algún ser querido. Recuerde que su temporada de duelo será tan larga como el tiempo que usted rechace la voluntad divina y el consuelo que Dios le está ofreciendo; y tan corta si aprende a manejar el dolor con la ayuda del varón de dolores experimentado en quebrantos, y el consejo de líderes bíblicos y sabios. Al recibir el consuelo del consolador, que nos ha consolado en todas nuestras tribulaciones y al elegir una buena actitud, usted podrá consolar a otros con la misma consolación con que usted ha sido consolado.

Principio para recordar:

"Solo cuando enfrentamos el sufrimiento personal bíblicamente y seguimos las órdenes del consolador disciplinadamente, estamos siendo preparados por el varón de dolores sabiamente, para consolar a otros cuando el sufrimiento los presione duramente".

Estudiemos ahora la quinta lección:

Dios permite temporadas de sufrimiento para que no confiemos en nuestras habilidades, fortalezas y poder, sino que confiemos en Él, en todo momento.

"Dios permite que pasemos por temporadas de sufrimiento, hasta que se agoten nuestros recursos, para que nos demos cuenta de nuestra incapacidad, y para que aprendamos a depender de Él en todo momento y en toda necesidad".

Muchos cristianos hacen ciertos cambios cuando llegan a la vida cristiana, pero creen que pueden seguir controlando otras áreas de su vida. Tristemente, ellos no han entregado el control total a quien no solo debe ser el Salvador de nuestras vidas, sino que demanda ser también el Señor de ellas.

En la década de 1940, el teólogo estadounidense Reinhold Neibuhr escribió la Oración de la Serenidad, y ésta, con justa razón se hizo popular entre las iglesias, e incluso la incluyeron en los 12 pasos de organizaciones que tienen programas de rehabilitación y recuperación de adicciones. Es una oración muy sabía que dice: "Dios, concédeme serenidad para aceptar las cosas que no puedo cambiar, valor para cambiar las cosas que puedo, y sabiduría para reconocer la diferencia". Esta sabia oración tiene una petición extraordinaria, pero a la vez una lección que todos debemos aprender. Quienes adoptan esta verdad pueden reenfocar su perspectiva de la vida. Saber hasta dónde es el límite de nuestra responsabilidad y saber qué debemos entregar a Dios es una virtud que debe ser aprendida.

Tomando en serio a Dios: Sabia elección como resultado del sufrimiento.

Si tenemos fe, si creemos en el Dios de la Biblia, el sufrimiento nos obliga a mirar a Dios, nos muestra cuán débiles e imperfectos somos y cuánto necesitamos del Dios que nos ama, y que tiene poder y autoridad sobre todo. El sufrimiento, especialmente en esos momentos en que perdemos las esperanzas de seguir, debe conducirnos a tomar en serio a Dios. En medio de la dura tormenta, Pablo perdió las esperanzas de seguir con vida, y dice que lo que Dios le enseñó fue a no confiar en él mismo sino en el Dios que estaba en medio de la tormenta, no solo en el mar, sino también en su vida.

Al dar una mirada a mi vida, me he dado cuenta de que pasé una parte de mi vida adulta tratando de controlar todos los aspectos de mi vida. Desde los 18 años luché por ser exitoso en mi trabajo. Luego luché duro por controlar el crecimiento y el éxito del ministerio que fundé. Me preocupaba, e intentaba controlar lo que la gente pensaba de mí y lo que los líderes de las congregaciones que había pastoreado pensaban de mí. Mi tendencia natural es a tener control de mi vida, y debo admitir que eso me ha ayudado a conquistar cosas y a tener algo de control.

Cuando digo control, no me refiero a controlar a las personas o las relaciones como lo hace el marido de Julia Roberts en la película Durmiendo con el enemigo. En ella, Laura es víctima de maltrato durante sus cuatro años de matrimonio con Martin. Este personaje se había convertido en un hombre obsesivo y violento que se mostraba teatralmente feliz. La joven no sabía cómo debía enfrentar su situación y decide simular su muerte. Su intención era tener la oportunidad de cambiar, ella quería rehacer su vida adoptando otra identidad. No, no soy un controlador, pero tuve que aprender que tengo la obligación de controlar mis cosas sabiamente, y en mis manos está mi destino siempre y cuando sujete todos mis planes y los pasos para lograrlos a la voluntad del Dios soberano, a quien debo permitir que tenga el total control de mi vida. Tuve que aprender que lo que logro no está 100% determinado por lo que hago, ni por lo duro que trabajo y me esfuerzo, y tampoco por lo que aprendo, o por cómo trato a las personas y cómo paso mi tiempo; he aprendido que hay un elemento clave y es mi relación con el Todopoderoso, y que no tengo poder para tener todo bajo control, que necesito de la guía y ayuda de mi Señor.

Podemos ir demasiado lejos, e ignorar a Dios si creemos que necesitamos controlar cada situación y controlar todos los resultados mediante el trabajo duro y la pura fuerza de voluntad. Si bien esta determinación puede conducir a resultados extraordinarios, nunca debemos cometer el error de ignorar a Dios. Tratar de controlar nuestro propio éxito, sin duda, nos trae consecuencias positivas como el establecer metas y desarrollar la responsabilidad personal; pero creer que todo depende solo de nosotros y que Dios es un observador o un espectador, tiene un alto costo que debemos pagar. Si nos creemos totalmente capaces, si obramos como si Dios no tuviera espacio en nuestras decisiones, nos llenamos de estrés y de ansiedad cuando fallamos; no aprendemos lecciones, y tendemos a la decepción. No debemos dejar de tener grandes metas y asumir nuestra responsabilidad. Lo que intento comunicar es que debemos tomar en serio a Dios, y nunca actuar como si todo dependiera de nosotros. Recuerde, existe Dios, es soberano, Él permite todo lo que vivimos y sus planes finales para nuestra vida se llevarán a cabo mientras Él va formándonos a la imagen de Cristo. Nunca trate de ignorar a Dios, especialmente en medio del sufrimiento.

El sufrimiento: un doloroso recordatorio de nuestra necesaria dependencia.

Pablo nos dice que en el sufrimiento Dios le enseñó a no confiar en sus propias fuerzas y sabiduría. La segunda carta a los corintios es considerada una de las cartas más personales de Pablo, y lo notamos porque en ella abre su corazón, comparte sus sufrimientos y la escribe con un tono reconciliador. Pablo comparte cómo tuvo que sufrir, no por sus pecados, sino por llevar fielmente el mensaje del Evangelio. Esta carta nos muestra cómo desarrollamos resiliencia quienes realmente confiamos en Dios y nos sometemos a su voluntad, especialmente en medio de las dificultades. Si miramos los sufrimientos, con la mirada divina, aprendemos que debemos depender de quien es todopoderoso y soberano y que, si seguimos sus indicaciones con responsabilidad y paciencia, desarrollaremos resiliencia. La resiliencia de Pablo, es decir, esa capacidad de pasar por los sufrimientos sin ser destruido y salir mejor de ellos, la consiguió en su unidad con los sufrimientos del Sumo Sacerdote humano, el varón de dolores, experimentado en quebrantos, que fue tentado en todo y no cometió pecado. La otra razón de la resiliencia de Pablo fue también la unidad, el compañerismo, el apoyo, el amor de los hermanos con quienes se relacionaba. Y eso es precisamente lo que necesitamos nosotros para desarrollar resiliencia. Esta no la desarrollamos en nuestro poder, sino en el poder, la guía y los principios que Cristo nos da para salir mejor de las experiencias dolorosas.

Esta es la experiencia que relata Pablo: *"8 Amados hermanos, pensamos que tienen que estar al tanto de las dificultades que hemos atravesado en la provincia de Asia. Fuimos oprimidos y agobiados más allá de nuestra capacidad de aguantar y hasta pensamos que no saldríamos con vida. 9 De hecho, esperábamos morir..." (2 Corintios 1:8-9)*

No fue una prueba sencilla. Ellos iban en proceso de cumplir la voluntad de Dios, pero vivieron experiencias difíciles, que no fueron sencillas de superar. Fueron duras, produjeron dolor profundo, al punto que dice el gran apóstol Pablo que fueron abrumados sobremanera. A veces nos imaginamos de Pablo como alguien que no sufría, que solo vivía de milagro en milagro y de victoria en victoria. Nos cuesta imaginarnos a este hombre en medio de un sufrimiento, y que diga que con sus compañeros fueron *"abrumados sobremanera"*, que la presión que experimentaron era más allá de sus fuerzas, al punto que creyó que todo terminaría y que la muerte se acercaba.

Él abre su corazón para decir: "No tuve fuerzas, ya me sentía desesperado, abrumado, sufriendo excesivamente, de tal modo que aun perdimos la esperanza de conservar la vida". ¿Se encuentra usted allí? ¿Ha perdido la esperanza, se siente abrumado? ¿Es el sufrimiento, que usted no buscó y que no puede manejar, más allá de sus fuerzas? ¿Siente que está en el fondo del abismo? ¿Está mirando que no hay una luz al final del túnel? ¿Ya no soporta más, ya perdió toda esperanza? Identifíquese con Pablo quien admite *"tuvimos en nosotros mismos sentencia de muerte"*.

Quiero que observe que, en medio de toda esa sensación de pérdida total, el apóstol aprendió que Dios permitía ese sufrimiento "para que no confiásemos en nosotros mismos, sino en Dios que resucita a los muertos".

Tal vez usted se creía muy fuerte, tal vez iba caminando, mirando para todos lados, menos para arriba, y dejó de poner sus ojos en Dios. Tal vez solo comenzó a mirar este mundo, a las diversiones, a los amigos, a los consejos de este mundo, al estilo de vida de este mundo, a la filosofía de este mundo, y quitó sus ojos de Dios y sus verdades. Tal vez comenzó a trabajar para tener más cosas, lo que lo llevó a tener menos tiempo con su familia, y ahora sufre. Tal vez comenzó a mirar a otras personas exitosas para copiar su éxito, quizá comenzó a depender de cosas, de circunstancias y personas, y sintió que todo giraba bien en su vida, que todo iba bien porque las relaciones interpersonales iban bien, pero en determinado momento Dios puso un poste en su camino y por ir mirando hacia abajo, no vio el poste, chocó y tuvo obligadamente que mirar hacia arriba.

Tal vez usted se creía muy fuerte, y mientras caminaba con su seguridad, dejó de poner sus ojos en Dios, y comenzó a ponerlos en las cosas de este mundo. Tal vez se olvidó de su intimidad con Dios y su enfoque en la espiritualidad, y comenzó a trabajar para tener más, y pensaba que todo iba bien porque tenía cosas, tenía un carro, tenía una casa, o tenía un buen trabajo, tenía un buen saldo en su cuenta bancaria y Dios determinó intervenir y permitió una temporada de pérdida y sufrimiento. Puede que alguien se sienta decepcionado porque las circunstancias indicaban que todo iba bien, pero Dios determinó hacerle notar su presencia, y lo hizo pasar por sufrimiento y ha llegado al momento de decir "he aprendido a contentarme cualquiera sea mi situación".

Ahora observe que se cumplió el fin que Dios tenía en medio del sufrimiento. Pablo admite: *"Pero, como resultado, dejamos de confiar en nosotros mismos y aprendimos a confiar solo en Dios, quien resucita a los muertos…".*

La lección fue aprendida por el apóstol y los demás, pues dejaron de confiar en sus habilidades y competencias, y aprendieron a confiar en el interminable poder de Dios. En la versión Reina Valera el versículo 10 dice: *"10 el cual nos libró, y nos libra, y en quien esperamos que aún nos librará, de tan gran muerte."*

Nuestro Dios tiene todo cubierto, nuestro pasado, nuestro presente y nuestro futuro, y no debemos tener temor o desconfiar de su protección. Pablo escribe *"el cuál nos libró…"* Primero da una mirada al pasado y dice hemos comprobado, hemos tenido experiencias en el pasado que comprueban que Él nos libró. Luego agrega *"el cuál nos libra…"* y así describe su situación en el presente, y con gran esperanza da una mirada al futuro, confiando que su vida y todos los planes dependen de Dios, por eso agrega con confianza y *"esperamos que aún nos librará de tan gran muerte".*

Cuando el sufrimiento sobrepasa nuestras fuerzas, Dios quiere mostrarnos cuán débiles y falibles somos. Dios quiere que dejemos de confiar en nuestras habilidades y recursos humanos, temporales y falibles, y que aprendamos a confiar en quien es infalible, divino, y nos entrega una solución eterna. Pablo agrega *"10 Efectivamente él nos rescató del peligro mortal y volverá a hacerlo de nuevo. Hemos depositado nuestra confianza en Dios, y él seguirá rescatándonos."*

Dios nos dice: "*21 Puedes hacer todos los planes que quieras, pero el propósito del Señor prevalecerá.*" *(Proverbios 19:21).* Si ha utilizado toda su sabiduría y recursos, y se siente fuera de control, es porque realmente lo está. Pero recuerde que tiene otra opción, la de humillarse, buscar consejo bíblico y profesional de alguien capacitado, y seguir las instrucciones fielmente. Es momento de dejar el orgullo a un lado y así estará cumpliendo lo que le ordena la Palabra de Dios: "*3 Pon todo lo que hagas en manos del Señor, y tus planes tendrán éxito. 4 El Señor ha hecho todo para sus propios propósitos, incluso al perverso para el día de la calamidad. 5 El Señor detesta a los orgullosos.*" *(Proverbios 16:3-5)*

Puedes caminar en la serenidad o paz que menciona la oración de Reinhold Neibuhr: "Dios, concédeme serenidad para aceptar las cosas que no puedo cambiar, valor para cambiar las cosas que puedo, y sabiduría para reconocer la diferencia". Sin duda disfrutará de madurez cuando utilice responsablemente todo el potencial que Dios le ha dado, y entregue a Dios todo lo que a usted lo ha superado.

Principio para recordar:

"*Solo cuando enfrentamos bíblicamente los sufrimientos personales aprendemos a conocer al Dios soberano, a confiar en el Dios todopoderoso, que nos ofrece su gracia, poder, consuelo y sustento, en vez de confiar en nuestra limitada capacidad de enfrentar los sufrimientos.*"

Ya hemos estudiado cinco lecciones que Dios quiere que aprendamos cuando Él soberanamente nos permite pasar por sufrimientos. Esta es la sexta lección:

Dios permite que pasemos por sufrimientos, para que en unidad y amor nos apoyemos mutuamente; y con nuestra uni-

dad y madurez en sufrimientos y victorias, le expresemos la gratitud que solo Él merece, y le demos toda la gloria.

La versión Reina Valera nos muestra con gran claridad otro "Para qué" de los sufrimientos cuando Pablo relata como la experiencia de sufrimiento que vivieron provocó la unidad del cuerpo de Cristo. Pablo escribe: *"11 cooperando también vosotros a favor nuestro con la oración, para que por muchas personas sean dadas gracias a favor nuestro por el don concedido a nosotros por medio de muchos".* (2 Corintios 1:11)

Cuando buscamos apoyo, nos apoyamos y Dios nos libra de los temores y el dolor del sufrimiento, aprendemos hermosas lecciones y podemos juntos adorar a quien nos "libró, nos libra y nos librará" de todo sufrimiento. El Dios que consuela y que nos libra o nos permite sufrimientos es quien debe recibir la gloria y nuestra gratitud en toda circunstancia y en todo momento.

Pablo dice que Dios permite el sufrimiento para que busquemos ayuda, y nos apoyemos en oración; y cuando obtengamos la respuesta divina, todos podremos ofrecer a Dios nuestra adoración. En la segunda carta de Pablo a los corintios, capítulo 1 versículo 11 nos muestra el amor y la empatía demostrada por quienes les ayudaron con sus oraciones. Cuando Dios respondió las oraciones y los libró de la muerte, todos los que oraron podían unirse para dar gracias a Dios porque los había salvado de la muerte.

Dios quiere que seamos parte amorosa y activa de su cuerpo, que nos amemos, que tengamos unidad, que seamos parte de una comunidad donde se practican los mandamientos recíprocos. Dios quiere que en medio del sufrimiento podamos orar los unos por los otros, nos acerquemos, nos unamos, nos estimulemos al amor y las buenas obras. Dios quiere que amemos y no critiquemos a nuestros hermanos que sufren. Dios no nos ha dejado en este mundo para ser instrumentos ni de destrucción, ni instrumentos de dolor, sino para ser instrumentos de consolación. La Biblia dice que dos son mejor que uno, que juntos pueden tener apoyo, levantarse y defenderse en los desafíos que enfrenten.

En medio del sufrimiento, nada mejor que el orar los unos por los otros porque la oración nos permite confiar en Dios; y cuando oramos los unos por los otros, experimentamos consuelo. Recuerde que la oración es la línea directa con Dios, cuando oramos no intentamos que Dios haga nuestra voluntad, más bien nos comunicamos con Él para aprender sobre su voluntad. Esta conexión íntima entre los hermanos que nos apoyamos con las oraciones y con el Dios que escucha nuestras oraciones, nos trae consuelo al saber que estamos bajo las alas del Todopoderoso. El salmista nos aconseja: *"5 Que todo mi ser espere en silencio delante de Dios, porque en él está mi esperanza. 6 Solo él es mi roca y mi salvación, mi fortaleza donde no seré sacudido. 7 Mi victoria y mi honor provienen solamente de Dios; él es mi refugio, una roca donde ningún enemigo puede alcanzarme."* (Salmo 62:5-7)

La oración sincera y sentida nos permite expresar nuestras emociones más profundas. Podemos contar nuestros temores, preocupaciones, alegrías y dar nuestras acciones de gracias. Esta expresión sincera de nuestro dolido corazón trae alivio y consuelo. David nos dice: *" 8 Oh pueblo mío, confía en Dios en todo momento; dile lo que hay en tu corazón, porque él es nuestro refugio".* (Salmo 62:8)

La oración nos permite solicitar la guía, la sabiduría de Dios que Él otorga fuera de nuestro estudio de su Palabra, por medio de la guía del Espíritu Santo. Podemos orar por nosotros, y en unidad podemos orar por otros, tal como la Palabra nos ordena.

En tiempos de incertidumbre, cuando estamos abrumados en medio de nuestro dolor podemos buscar la sabiduría y la guía de Dios a través de la oración. Santiago nos aconseja: *"5 Si necesitan sabiduría, pídansela a nuestro generoso Dios, y él se la dará; no los reprenderá por pedirla. 6 Cuando se la pidan, asegúrense de que su fe sea solamente en Dios, y no duden, porque una persona que duda tiene la lealtad dividida y es tan inestable como una ola del mar que el viento arrastra y empuja de un lado a otro."* (Santiago 1:5-6)

Cuando oramos por nosotros y por otros, oramos porque confiamos en la fidelidad de Dios, y podemos recordar que Él siempre responde todas nuestras oraciones conforme a su soberana voluntad. El siempre responde, no siempre de la forma que esperamos; pero siempre nos permite lo que es bueno para nuestra vida. Sabemos que la Biblia nos asegura que Dios es fiel para escuchar y responder nuestras oraciones según su voluntad, y este conocimiento trae consuelo y esperanza. Juan nos dice: *"14 Y estamos seguros de que él nos oye cada vez que le pedimos algo que le agrada; 15 y como sabemos que él nos oye cuando le hacemos nuestras peticiones, también sabemos que nos dará lo que le pedimos."* (1 Juan 5:14-15)

Oramos por otros y por nosotros en unidad para que Dios nos muestre todos los recursos que ha dejado a nuestra disposición y nos dé, por medio de su Espíritu la fortaleza que necesitamos, no solo a nosotros, sino también a aquellos por quienes oramos. Pablo escribe a los Efesios: *"14 Cuando pienso en todo esto, caigo de rodillas y elevo una oración al Padre, 15 el Creador de todo lo que existe en el cielo y en la tierra. 16 Pido en oración que, de sus gloriosos e inagotables recursos, los fortalezca con poder en el ser interior por medio de su Espíritu."* (Efesios 3:14-16)

Al orar unos por otros debemos tener la confianza de que Dios nos dará todo lo que necesitamos para suplir nuestras necesidades, aunque no siempre nuestros gustos. Pablo dice: *"19 Y este mismo Dios quien me cuida suplirá todo lo que necesiten, de las gloriosas riquezas que nos ha dado por medio de Cristo Jesús."* *(Filipenses 4:19)*

Pablo se alegra en que Dios fue su rescate en medio de una de las grandes tribulaciones que experimentó y nos dice: *" 10 Efectivamente él nos rescató del peligro mortal y volverá a hacerlo de nuevo. Hemos depositado nuestra confianza en Dios, y él seguirá rescatándonos, 11 y ustedes nos están ayudando al orar por nosotros. Entonces mucha gente dará gracias porque Dios contestó bondadosamente tantas oraciones por nuestra seguridad."* *(2 Corintios 1:10-11)*

Pablo sabía, por su pasado y por la experiencia que vivió, que Dios es fiel. Tenía la confianza de que Dios lo seguiría rescatando y, además, estaba consciente de la efectividad de la oración de los hermanos que estaban intercediendo por ellos. Él se deleitaba en que, como pueblo de Dios, estaban en unidad, que el dolor de ellos, que su sufrimiento era el sufrimiento del resto del pueblo de Dios y que su Dios era el mismo Dios, y que el consuelo de Dios y su protección nunca les faltaría. En esta experiencia aprendemos que también existe consuelo cuando sabemos que otros están orando por nosotros, especialmente en tiempos de dificultad. La desesperación de Pablo resalta la importancia de la oración y la vida de unidad de la familia cristiana. Necesitamos de los demás, necesitamos el apoyo y mucha oración en tiempos de desesperación y luego podemos unirnos en acciones de gracias y todos agradecer la protección del Dios que permitió el sufrimiento por alguna razón.

El sufrimiento: un llamado a la unidad.

Pertenecer a la familia de Dios es algo maravilloso. Tristemente no todos los que son parte de la iglesia de Jesucristo han aprendido cuáles son sus responsabilidades como miembros de la familia de Dios. Quienes no han aprendido a participar activamente en la vida de la iglesia, sin descuidar sus responsabilidades personales, laborales y familiares, no comprenden la vida de unidad. Quienes utilizan con sabiduría sus dones espirituales, quienes se someten con humildad y discernimiento a los líderes bíblicos y sabios de la congregación bíblica que han elegido, comprenden realmente lo que es vivir en familia. Usted puede ser hijo, hermano, padre o madre, pero no ser parte inteligente y sabia de su familia; de la misma manera, usted puede ser un hijo de Dios, pero no disfrutar de la vida de familia, no disfrutar de la ayuda mutua, de servirse en amor los unos a los otros. Puede que no esté ayudando a llevar la carga de otros que no pueden con su peso, o que no pueda disfrutar de la ayuda de otros cuando la carga que usted intenta llevar sobrepasa su capacidad. Puede que no esté exhortando a otros con amor para que corrijan sus errores, o que no esté permitiendo que otros miembros maduros de la familia de Dios le exhorten a usted con amor. El sufrimiento bien manejado nos motiva a buscar la unidad.

Quienes solo asisten los domingos, cantan, oran, escuchan el sermón, ofrendan y se van de regreso a su hogar, sin desarrollar su vida cristiana saludablemente, sin participar de programas de entrenamiento y grupos de comunión, no están unidos a los líderes y a sus hermanos, y no disfrutan de los beneficios de la unidad. Asistiendo solo los domingos, sin ser parte de la vida integral de la congregación, no es posible ayudarse, servirse en amor, honrarse mutuamente, vivir en armonía, edificarse. Alejados no se puede mirar por los intereses de otros, desconectados no se pueden animar mutuamente y apoyarse en el sufrimiento. El sufrimiento es un llamado a la unidad de la iglesia. Observe lo que tenemos, por pertenecer a Cristo y su familia. Pablo nos dice: *" 1¿Hay algún estímulo en pertenecer a Cris-*

to? ¿Existe algún consuelo en su amor? ¿Tenemos en conjunto alguna comunión en el Espíritu? ¿Tienen ustedes un corazón tierno y compasivo? 2 Entonces, háganme verdaderamente feliz poniéndose de acuerdo de todo corazón entre ustedes, amándose unos a otros y trabajando juntos con un mismo pensamiento y un mismo propósito. 3 No sean egoístas; no traten de impresionar a nadie. Sean humildes, es decir, considerando a los demás como mejores que ustedes. 4 No se ocupen solo de sus propios intereses, sino también procuren interesarse en los demás." (Efesios 2:1-4)

El éxito del proceso de sufrimiento: la unidad, gratitud, sumisión y la gloria de Dios.

Si me pregunta cuándo una persona paso con éxito el sufrimiento, le diré que sale exitoso quien comprendió que Dios es soberano, quien aprendió a someterse a su Señor con humildad y amor, que aprendió a vivir en unidad con sus líderes y hermanos, que experimenta gratitud, y con sus acciones le da la gloria que solo Dios merece.

Cuando en medio de nuestros sufrimientos cumplimos con los mandamientos recíprocos, incluyendo el de orar los unos por los otros y servirnos en amor, nos aseguramos de que vamos viviendo el proceso sabiamente y en obediencia. Cuando buscamos consejo de líderes sabios que respetamos, vivimos en sumisión. Cuando aplicamos las órdenes y principios bíblicos que nos enseñan, vivimos el proceso en obediencia; y cuando pasamos el proceso bíblicamente, nos convertimos en cristianos resilientes, que salen mejor, que están listos para consolar a otros y que están listos a siempre depender del poder infinito e infalible de Dios, en vez de sus recursos imperfectos y falibles.

La prueba de que realmente pasamos por el sufrimiento en forma bíblica es el resultado que obtenemos. No me refiero a que después de orar y sufrir siempre seremos sanados de la enfermedad. No me refiero a que siempre seremos restaurados al trabajo del cual nos despidieron, o que recuperaremos el matrimonio que por nuestra falta de sabiduría perdimos. Pasamos por el sufrimiento como Dios manda cuando nos sometemos a la buena voluntad de Dios, que es agradable y perfecta. Después del sufrimiento bien confrontado, puede llegar la sanidad matrimonial o el divorcio; Dios puede darnos la salud o permitir, aun la muerte, después de la enfermedad.

Hay historias que vistas desde el punto de vista humano son trágicas, por la cantidad de sufrimiento, pero son para la gloria de Dios, por sus resultados finales. Pensé en esto a leer la historia de Adoniram Judson quien fuera misionero en Birmania durante unos 38 años. El decidió someterse a la voluntad de Dios, aplicó las verdades bíblicas y eligió la vida de oración por él, su familia y los demás. Dios ordenó que su vida estuviera llena de sufrimiento y este breve resumen nos muestra su realidad: Adoniram Judson y Ann Hasseltine se casaron en 1812, y 12 días después se mudaron a Birmania como misioneros. Pasaron 7 años ministrando en Birmania y nadie se convirtió. En el octavo año de su misión, Ann enfermó gravemente y navegó sola a casa para ser tratada, y debido a su enfermedad estuvieron separados durante 2 años y 4 meses. Cuando su esposa regresó a Birmania, el gobierno acusó a Adoniram Judson de espía y fue arrestado. Pasó 17 meses en prisión y fue torturado periódicamente. Durante este tiempo, su esposa enfermó de muerte, y murió 11 meses después de su liberación. Su hija enfermó y murió 6 meses después. Ocho años después de la muerte de Ann, Adoniram Judson se casó con Sarah Boardman. Tuvieron 8 hijos, de los cuales cuatro murieron. Sarah murió después de 11 años de matrimonio. Adoniram Judson pasó un total de 38 años en Birmania.

Impresionante relato de una vida de sufrimiento, y difícil de conciliarlo con la declaración bíblica que dice: *"A los que aman a Dios, todas las cosas les ayudan a bien."* Esta declaración es verdadera, aunque el bien no siempre sea lo que nosotros esperamos. Pero se dio la unidad en la oración, la gratitud a Dios por sus designios soberanos, la sumisión a la dura voluntad divina, y finalmente, todo ocurrió para la gloria de Dios. Su fiel ministerio permitió la traducción de una Biblia al birmano, la finalización de un diccionario birmano, cientos de líderes para las congregaciones; y existen más de 3.700 congregaciones bautistas en Birmania debido a su devoción sacrificial a Dios y al pueblo birmano.

El resultado de nuestro sufrimiento no lo sabemos, pero si nos sometemos a Dios, y desde el punto de vista del Soberano, el resultado siempre será bueno. El resultado lo veremos en las lecciones que aprendimos, nos daremos cuenta de que tenemos más experiencia, que añadimos conocimiento, más sabiduría, y que somos mejores y más humildes siervos de Dios. El resultado de pasar la prueba bien es la gratitud, nunca el resentimiento.

Conclusión:

"Cuando nos encontramos en medio del duro sufrimiento, y no resistimos la dura presión, debemos buscar la ayuda de los hermanos por medio de la oración, para que cuando recibamos el consuelo del Padre de toda consolación, todos los que hemos orado entreguemos la gloria que Dios merece, y le expresemos nuestra gratitud en adoración."

Capítulo 7

PASOS BÍBLICOS SALUDABLES PARA ENFRENTAR LOS SUFRIMIENTOS INEVITABLES

"La peor respuesta que podemos tener en medio de las crisis es decidir pecar por el dolor experimentado, y no entender o rechazar los propósitos divinos soberanos. La mejor respuesta es evitar los sufrimientos evitables, y elegir la santidad y la sumisión a la voluntad divina, cuando los sufrimientos son inevitables."

Nuestro deber es imitar la forma como reaccionó Job después de la pérdida catastrófica de todas sus posesiones, la muerte de todos sus hijos, la pérdida de su matrimonio y la plaga que azotó todo su cuerpo. Dice que *"En todo esto no pecó Job ni atribuyó a Dios despropósito alguno."*

Sin duda, no es una declaración difícil de comprender, pero nada fácil de practicar. En medio de las más grandes crisis, Dios siempre tiene buenos propósitos, pero nosotros no somos los encargados de descubrir los propósitos divinos para los demás, sino los propósitos divinos para nosotros.

Es hermoso leer sobre la creación divina, tal como es presentada en Génesis, pero es doloroso ver que también ocurrió que, por el pecado del hombre, todo fue dañado. La humanidad fue creada literalmente en un paraíso sin sufrimiento. Dios creó para el hombre una existencia de perfecta armonía, bendición, paz y comunión con Dios. El sufrimiento no entra en la historia hasta que la humanidad se rebela contra Dios. Su acto de desobediencia le llevó a perder la comunión con Él.

En el primer capítulo de Romanos, Pablo nos deja claro que, aunque la humanidad conocía plenamente la presencia y las cualidades de Dios, y Dios se reveló también en la naturaleza, el hombre eligió la rebelión. Por lo tanto, el sufrimiento no es intencional, sino más bien un resultado y, lamentablemente, debido a nuestra rebelión, lo experimentamos en todas las formas y relaciones.

Nuestra aflicción no provoca en Dios un estado de confusión, pues Él conoce todas las cosas y sabe exactamente lo que debemos hacer. Él espera pacientemente que busquemos su guía, su apoyo, y poder para enfrentar nuestras crisis con sabiduría.

Principio para recordar:

"Cuando el sufrimiento personal es manejado bíblicamente, tenemos la oportunidad de crecer emocional y espiritualmente."

Cuando el cristiano maneja sabiamente su dinero, cuando desarrolla bíblicamente su familia y adecuadamente su negocio, recibe bendición divina y sigue creciendo, haciéndose más experto en el manejo de sus obligaciones. Así también crece, quien procede bíblicamente en medio de las pruebas y las enfrenta bíblicamente. Dios permite soberanamente temporadas de sufrimiento, como eventos vitales en nuestro proceso de crecimiento. Así lo confirma el apóstol Santiago: *"2 Amados hermanos, cuando tengan que enfrentar cualquier tipo de problemas, considérenlo como un tiempo para alegrarse mucho 3 porque ustedes saben que, siempre que se pone a prueba la fe, la constancia tiene una oportunidad para desarrollarse. 4 Así que dejen que crezca, pues una vez que su constancia se haya desarrollado plenamente, serán perfectos y completos, y no les faltará nada." (Santiago 1:2-4)*

La prueba produce paciencia en la vida del creyente. El sufrimiento nos permite conocer la profundidad de nuestro carácter, si examinamos cómo reaccionamos frente a las presiones. El sufrimiento es parte de nuestro proceso hacia la madurez. Mientras vamos avanzando para convertirnos en personas maduras, el sufrimiento, producto de la planificación divina para probarnos, produce un beneficio. Nos ayuda a seguir haciendo las correcciones esenciales, mientras vamos en proceso a nuestra perfección y glorificación final. El sufrimiento nos enseña a ser pacientes, pero eso no es todo, pues la meta final es que vamos siendo refinados, para que nos convirtamos en este mundo en personas que saben cómo enfrentar la vida; y debido a ello, disfrutan de una vida excelente. Además, debido a que vamos aprendiendo a manejar la vida, y vamos siendo perfeccionados, nos vamos convirtiendo en maduros y cabales, sin que nos falte nada.

Esos son algunos pasos bíblicos que nos permiten manejar el sufrimiento, de la manera bíblica aceptable, y que permiten la reacción que Dios espera frente a los sufrimientos inevitables:

Primero: recuerde que la Biblia es la Palabra de Dios, que tiene las respuestas que necesita, y esté convencido de que ningún sistema de pensamiento, ni religión, tiene respuesta más sabia para el sufrimiento humano que la revelación divina.

La Biblia enseña todo lo contrario al karma, e incluso lo que resulta del sentido común. El karma le dice que si está sufriendo se lo merece siempre, porque es el resultado de algo que hizo en otra vida; y si no sufre, actuó bien en otra vida y se merece no sufrir. Recuerde que ese fue precisamente el punto de vista condenado por Dios, y que expresaron quienes decían ser amigos de Job. La Biblia no enseña que el sufrimiento es repartido acorde a los méritos morales relativos de las personas. La Biblia no enseña que todas las personas buenas tienen vidas más placenteras, y que todas las personas malas tienen vidas más difíciles. Ni la Biblia enseña eso, ni la realidad lo demuestra; pues todos los seres humanos sufrimos, aun las personas más santas, como el caso de Job.

Bíblicamente, ninguna persona debe creer que las buenas circunstancias que vive son la demostración de que Dios está complacido con su estilo de vida. Tampoco bíblicamente debemos asumir que todos los sufrimientos son resultado de un castigo directo divino por alguna mala acción humana. Recuerde que lo vemos en todo el libro de Job, y que en Juan 9 se nos muestra la sabia respuesta del Maestro. Ante la pregunta de los discípulos de por qué nació ciego un hombre y si era el resultado de sus pecados, o de los pecados de sus padres, Jesús respondió: *"3 No fue por sus pecados ni tampoco por los de sus padres —contestó Jesús—. Nació ciego para que todos vieran el poder de Dios en él." (Juan 9:3)*

La Biblia nos revela que el sufrimiento humano es inevitable; y por eso los cristianos no nos amargamos, ni nos escandalizamos por esa verdad, pues sabemos que los seres humanos somos pecadores, débiles, que existe pecado, que existe maldad y que nacemos malos. Lo maravilloso es que Dios nos ofrece que viviremos con Él eternamente después de nuestro sufrimiento y muerte; y nos asegura que resucitaremos y viviremos en un mundo sin enfermedad, tragedias, sufrimiento y muerte. Ninguna otra religión promete algo así.

Recuerde que el secularismo, el humanismo, el marxismo se rebelan contra el sufrimiento humano, y ofrecen que tendrán mucho bienestar quienes viven en los países con su sistema de pensamiento, aunque todos comprobemos que es una mentira.

El sufrimiento existirá, aunque no existiera Dios, pues Dios no es el autor del sufrimiento, sino la maldad del hombre.

El secularismo cree que el sufrimiento es completamente inútil, mientras que la Biblia nos revela que el sufrimiento es útil para el desarrollo del carácter, y para vivir conforme a la voluntad divina. La Biblia nos muestra que el dolor humano es triste, pero que la razón principal por la que debemos ser pacientes ante el sufrimiento es que glorifica a Dios, porque Él se convierte en nuestro pronto auxilio en las tribulaciones, porque Él se convierte en la fuente de nuestro poder y sabiduría para enfrentar el sufrimiento y salir mejores. Cuando Dios nos ayuda a pasar por el sufrimiento, toda la gloria es para Él; y para el cristiano ese debe ser su mayor placer y deber.

Fuimos creados para glorificar a Dios, y la Biblia es la única que nos asegura que el Cristo resucitado, el varón de dolores experimentado en quebrantos, que murió por nosotros y que resucitó, estará con nosotros siempre, en todo momento y en toda circunstancia. No tenemos un fundador de religión que vivió y está muerto, tenemos a nuestro hermano mayor, nuestro sumo sacerdote, vivo y listo para socorrernos. Pablo escribió: *"13 Las tentaciones que enfrentan en su vida no son distintas de las que otros atraviesan. Y Dios es fiel; no permitirá que la tentación sea mayor de lo que puedan soportar. Cuando sean tentados, él les mostrará una salida, para que puedan resistir." (1 Corintios 10:13)*

Principio para recordar:

"Es un acto de necedad buscar respuesta al sufrimiento en sistemas de pensamiento, o en personas que no creen en Dios, ni en el pecado, ni en la maldad. Es un acto de sabiduría buscar la respuesta en el Dios que nos ofrece su salvación para vivir en paz, alegría y santidad."

Segundo: decida involucrarse con líderes y personas maduras de su congregación, que tengan la capacidad y disposición de brindar apoyo bíblico y sabio en medio del sufrimiento.

No busque consejo de cualquier persona de su congregación. Puede buscar personas que se comprometan a orar por sus necesidades, pero si necesita un consejo, búsquelo de líderes bien preparados. Recuerde que existen muchos mandamientos recíprocos en la Biblia, que nos ordenan buscar la unidad y el apoyo sabio de personas que aman a Dios, pero el consejo sabio solo de los líderes que tienen la capacidad para hacerlo. Las palabras "los unos a los otros", y otras declaraciones sinónimas, aparecen decenas de veces en la Biblia e instruyen específicamente a los creyentes para que sepan cómo deben, o no deben interactuar entre sí. Dios demanda que seamos una comunidad de hijos de Dios conectados, y no distantes. Hoy la tecnología nos ayuda a estar en contacto limitado los unos con los otros en tiempos de necesidad, pero nada mejor que el contacto personal para aplicar mandamientos como de servirnos unos a otros (Gálatas 5:13), cuidarnos unos a otros (1 Corintios 12:25) o mostrarnos hospitalidad unos a otros (1 Pedro 4:9). Perdonarse unos a otros (Efesios 4:32; Col. 3:13). Tener paciencia unos con otros (Efesios 4:2, Col. 3:13); y también: *"Confesaos vuestras ofensas unos a otros, y orad unos por otros, para que seáis sanados. La oración eficaz del justo puede mucho." (Santiago 5:16) RVR 1995*

Una marca distintiva de ser un seguidor de Cristo es un amor profundo y sincero por los hermanos y hermanas en Cristo; y en medio del sufrimiento debemos buscar el apoyo de las personas que nos aman. El apóstol Juan nos dice: *"21 Y nosotros tenemos este mandamiento de él: El que ama a Dios, ame también a su hermano." (1 Juan 4:21).*

Nuestro deber es imitar el ejemplo de Jesús, quien una y otra

124

vez, estuvo amorosamente al lado de los enfermos, los afligidos y los pobres; y los ayudó a aligerar sus cargas. Entonces, ¿cómo podemos imitar el amor de Jesús llevando las cargas unos de otros? Una de las grandes maneras de demostrar nuestro amor por nuestros hermanos es acompañarlos prudentemente en sus temporadas de sufrimiento, y cumplir los mandamientos recíprocos.

En medio del sufrimiento nada mejor que un amigo que ama al mismo Dios, que conoce el poder de Dios igual que nosotros, un amigo con quien coincidiremos en que Dios nunca nos deja solos. Pedro nos da una buena receta para apoyarnos mutuamente en medio de las crisis cuando escribe: *"8 Por último, todos deben ser de un mismo parecer. Tengan compasión unos de otros. Ámense como hermanos y hermanas. Sean de buen corazón y mantengan una actitud humilde."* (1 Pedro 3:8)

Los que sufren pueden sentirse reconfortados al saber que una red de personas solidarias está lista para apoyarlas. Una visita, cuando sea prudente, unas pocas llamadas telefónicas, cortas y específicas para orar, pueden traer confianza. Preguntar cuáles son las necesidades particulares, y buscar la manera de ayudar en lo que sea posible, alivia la carga de los que sufren.

Recuerde lo que escribe Pablo: *"2 Soportad las cargas los unos de los otros, y cumplid así la ley de Cristo"* (Gálatas 6:2) *RVR1960*. Este es un mandamiento que demanda la unidad de los cristianos, cuando las cargas superan nuestra capacidad. Somos parte de la misma familia, y miembros de una iglesia cristiana, de manera que podamos cuidarnos en tiempos de prueba, dificultad y sufrimiento, para cumplir lo que Dios nos manda. Por eso, debemos pertenecer a una iglesia local, y relacionarnos con amor con su liderazgo y con los hermanos. Debemos tener una congregación con líderes bien preparados, que enseñan sabiamente, que son amorosos, que tienen una teología adecuada del sufrimiento, y que motivan a los creyentes a amarse los unos a los otros. Y debemos estar pendiente de las necesidades, desarrollar empatía con los que sufren, tener compasión, practicar misericordia y ayudar a los que pasan por tribulaciones. Si desea ayudar, no asuma que todos los que sufren están pecando. No actúe como los amigos de Job, que asumieron que Job sufría inmensamente porque había pecado grandemente. Usted no es el encargado de decidir por qué la persona está sufriendo, es encargado solo de orar y ayudar; es el consejero quien ayudará a determinar por qué está sufriendo.

Llevar la carga de otro no tiene por qué ser complicado. No requiere que nosotros intentemos resolver el problema. De hecho, muchas veces es mejor no intentar resolver nada, pero necesitamos mostrarnos amorosos, presentarnos como personas dispuestas a servir, mostrar que estamos disponibles para servir en las cosas sencillas, o para buscar ayuda de quienes están preparados en asuntos complicados.

Cuando Jesús anunciaba su partida, dijo a sus discípulos: *"Así que ahora les doy un nuevo mandamiento: ámense unos a otros. Tal como yo los he amado, ustedes deben amarse unos a otros."* Este mandamiento de amarse unos a otros era antiguo, y no solo parte del cristianismo, pero lo nuevo del mandamiento es que Jesús ordenó que nuestra forma de amarnos no sea como nosotros nos imaginamos, o sentimos, sino como Él nos ha amado.

Principio para recordar:

"Siempre recuerde que el mundo y sus filosofías ofrecen distintas ideas para el sufrimiento, pero las verdades bíblicas son la sabia respuesta del cristianismo. Solo el Dios padre que nos ama, el Hijo que dio su vida por nosotros y el Espíritu consolador, no solo nos permiten pasar por el dolor, sino salir del sufrimiento mucho mejor."

Estudiemos ahora la tercera reacción que debemos tener frente al sufrimiento:

Tercero: tome la decisión de aceptar con humildad su realidad, y manejar bíblicamente el dolor que experimenta. Sométase a la soberanía divina, desarrolle su intimidad con Dios, no se rebele ni elija actuar mal, pese al dolor y la angustia natural.

El dolor, la angustia, el sufrimiento, la decepción pueden sacar de la vida de la congregación a quienes nunca han conocido a Dios. Pueden sacar a los niños espirituales que no han sido formados, pero volverán, porque los traerá el Dios que los ha llamado; pero los maduros que están pasando por sufrimientos, tendrán más intimidad, amarán y confiarán en Dios más que nunca. La reacción frente al sufrimiento no es una imposición, es nuestra elección.

La elección de nuestra decepción

Elegimos decepcionarnos cuando decidimos esperar lo que Dios nunca ha prometido, y cuando pedimos que Dios se ajuste a nuestras ideas y agendas. Algunos cristianos tienden a exigir que Dios cumpla con los estándares que ellos han creado. Creen tener la capacidad y el poder de evaluar la forma como Dios actúa; y por eso terminan decepcionados, cuando Dios no actúa como ellos han deseado.

Algunos asumen que por la fe que ellos tienen, Dios tiene que permitir que todo sea perfecto en sus vidas; y muchos tienen la osadía de demandar que se cumplan sus peticiones, aunque no estén haciendo lo que Dios ordena. Desafortunadamente, para quienes hacen un enredo de sus finanzas, o de su vida matrimonial; y luego oran, decretan y declaran para que su matrimonio sea bueno, la vida cristiana no funciona así. Nosotros no establecemos las reglas, Dios las determina; y la perspectiva divina sobre la angustia, la ansiedad, el sufrimiento y el dolor está revelada en la Biblia, y no debe ser producto de nuestra limitada imaginación.

A veces queremos actuar como Job, quien dijo: *"Si tan solo supiera dónde encontrar a Dios, iría a su tribunal. Expondría mi caso y presentaría mis argumentos."* Job se pregunta: *"¿Usaría su inmenso poder para discutir conmigo? No, él me daría un juicio imparcial."*

A veces queremos exponer nuestra causa, porque estamos decepcionados de la reacción, o acción divina, y preguntarle: "¿Por qué me diste un padre violento? Si oré pidiendo Tú dirección, si llegué virgen al matrimonio. Si escogí mi esposa en la congregación ¿Por qué permitiste que se fuera con otro hombre?

Job se hizo preguntas, y concluyó que él podría buscarlo en el oriente, en el occidente, en el norte, o en el sur, y no lo encontraré, porque no conozco donde vive, no sé cuál es el camino, pero concluye: *"10 Sin embargo, Él sabe a dónde yo voy; y cuando me ponga a prueba, saldré tan puro como el oro."* Sí, saldrá como oro, saldrá mejor, saldrá purificado, pero ¿Por qué? Job dice: *11 Pues he permanecido en las sendas de Dios; he seguido sus caminos y no me he desviado. 12 No me he apartado de sus mandatos, sino que he atesorado sus palabras más que la comida diaria."* Job sabe que no puede cambiar los decretos divinos, que Él es soberano por eso agrega: *13 Pero una vez que él haya tomado su decisión, ¿quién podrá hacerlo cambiar de parecer? Lo que quiere hacer, lo hace. 14 Por lo tanto, él hará conmigo lo que tiene pensado; él controla mi destino."* (Job 23:10-14)

Esa es la verdad, Dios controla todo, incluido nuestro destino. Resentirnos por el dolor, renegar por el sufrimiento, no nos ayuda a pasar por esa temporada, ni nos ayuda a salir mejores, porque sin resentirnos al ser probados, saldremos bien refinados.

Eligen su decepción quienes no tienen claro cómo Dios opera soberanamente. Debemos aceptar que Dios es soberano, que no permite nada malo; y aceptar la realidad de la humanidad: existe maldad, sufrimiento, y tomamos decisiones erróneas. Nuestro deber es aceptar que Dios no ha prometido quitar, o impedir todo sufrimiento, pero sí nos ofrece la sabiduría, el poder del Espíritu, y los recursos para enfrentarlos día a día, y momento tras momento.

Todos hemos sido testigos que algunos abandonan la vida de la iglesia cuando experimentan sufrimiento. Después de la pandemia, muchos no volvieron a los templos; algunos decepcionados, porque según ellos, Dios no respondió sus oraciones; otros, porque se apropiaron de promesas bíblicas que no eran para ellos, y terminaron decepcionados; no porque no se cumplieron las promesas, sino porque les enseñaron mal, les enseñaron una vida de fe irreal, y a esperar que Dios sea su robot celestial, que atienda todas sus órdenes.

Tristemente, muchos terminaron decepcionados por haber asistido por años a congregaciones con líderes sinceros, pero no capacitados; ni interesados en prepararse para entregar consejo bíblico y profesional. Por la falta de preparación, muchos eligieron la decepción, porque no buscaron la debida preparación. Todo el que no se prepara para las crisis, para las dificultades y sufrimientos, se prepara para la decepción, por su falta de sabiduría y de preparación. Muchos nunca recibieron cursos sobre la vida de familia, matrimonio, cómo enfrentar conflictos, cómo disciplinar a sus hijos; y encerrados en la misma casa no supieron relacionarse con sabiduría, porque no les dieron las herramientas bíblicas esenciales. Ellos no tuvieron herramientas para enfrentar el sufrimiento, y terminaron decepcionados. Y otros, se marcharon de nosotros, se alejaron de la comunión, decepcionados. El apóstol Juan revela esta verdad escribiendo: *"18 Hijitos, ya es el último tiempo; y según vosotros oísteis que el anticristo viene, así ahora han surgido muchos anticristos; por esto conocemos que es el último tiempo. 19 Salieron de nosotros, pero no eran de nosotros; porque si hubiesen sido de nosotros, habrían permanecido con nosotros; pero salieron para que se manifestase que no todos son de nosotros."* (1 Juan 2:18-19)

El rechazo del dolor

Algunos cristianos rechazan el dolor porque no saben que el dolor no es malo, y no les han enseñado que el dolor es un sensor divino, que nos obliga a enfocar en el Dios todopoderoso y soberano.

Aproximadamente uno de 400.000 bebés está destinado a vivir una vida corta y trágica, debido a una rara enfermedad genética conocida como Familial Dysautonomía; que evita que los niños sufran dolor. El jugador de futbol que no siente el dolor cuando lo patean, el boxeador al que no le duelen los golpes, y la mujer que puede dar a luz sin dolor, podrían pensar que sería hermoso tener esta enfermedad, pero quienes la tienen siempre corren peligro de muerte. Aunque los cortes, las quemaduras, o tener un hueso quebrado no produzcan dolor, a estas personas con esta enfermedad, la ausencia del dolor es perjudicial. El dolor podría ser el signo de advertencia de Dios de que algo anda mal. La luz amarilla del semáforo le indica que viene la roja. La luz roja del tablero le indica que tiene problemas eléctricos en su automóvil; y solo es una advertencia para que enfrente el problema sabiamente. El dolor, también puede ser una señal de algo, y es una advertencia para que enfrente su problema con sabiduría.

Algunos ven el sufrimiento como algo innecesario, inmerecido. Sin embargo, somos asegurados por la Palabra de Dios que todo lo que ocurre en la vida del cristiano tiene propósito. Acepte su realidad con humildad. Pedro nos dice: *"6 Así que humíllense ante el gran poder de Dios y, a su debido tiempo, él los levantará con honor. 7 Pongan todas sus preocupaciones y ansiedades en las manos de Dios, porque él cuida de ustedes."* *(1 Pedro 5:6-7)*

No es fácil aceptar la realidad, pero aceptarla, y confiar en que Dios es el único que puede hacer lo imposible, es nuestro único y seguro paso de fe. Para enfrentar el sufrimiento bíblicamente debemos analizar nuestra realidad sabiamente, y a la luz de la Palabra, para saber cómo manejarla.

El pastor y autor del siglo XVIII, John Newton, escribió la siguiente carta a una hermana que estaba de luto por la pérdida de su hermana.

"Tu hermana está muy presente en mi mente. Su enfermedad me entristece: si estuviera en mi poder, rápidamente eliminaría la enfermedad; el Señor puede, y espero que lo haga, cuando su enfermedad haya logrado el fin para el cual Dios la envió... Espero que seas capaz de dejarla a ella, a ti misma y todas tus preocupaciones, en sus manos. Él tiene el derecho soberano de hacer con nosotros lo que le plazca; y si consideramos lo que somos, seguramente confesaremos que no tenemos motivos para quejarnos; y para aquellos que lo buscan, su soberanía se ejecuta con gracia. Todo trabajará en unidad para su bien; todo lo que Él envía es necesario, nada es necesario si Él lo retiene... Necesitas paciencia, y si la pides, el Señor te la dará. Pero no puede establecer su paz hasta que nuestra voluntad esté en cierta medida sometida. Escóndete bajo la sombra de sus alas; confía en su cuidado y poder. Míralo como a un médico que bondadosamente se ha comprometido a curar tu alma de la peor enfermedad: el pecado. Cede a las prescripciones divinas, y lucha contra todo pensamiento que se muestre tan deseable como para permitirte elegir por ti misma. Cuando no puedas ver tu camino, siéntete satisfecha de que Él sea tu líder. Cuando tu espíritu está abrumado dentro de ti, Él conoce tu camino, y no permitirá que te ahogues. Él ha designado tiempos de refrigerio, y descubrirás que no se olvida de ti. Sobre todo, mantente cerca del trono de la gracia. Si parece que no obtendremos ningún bien al intentar acercarnos a Él, puedes estar segura de que no obtendremos nada si nos mantenemos alejados de Él." (Walking with God Through Pain and Suffering, Tim Keller comments on this letter.)

Los hijos de Dios debemos comprender que solo Dios nos puede librar de ciertos sufrimientos; y que Él también, con razón, permite que suframos. Es que ninguna religión puede asimilar el sufrimiento mejor que el cristianismo, porque el sufrimiento es parte esencial en el proceso divino, que nos exige conducirnos hacia la madurez. De ninguna manera creo que debemos glorificar el dolor, pero sí reconocer que el sufrimiento de Cristo fue necesario; que su dolor fue esencial para nuestra salvación. Y estamos seguros de que nuestra vida eterna, ausente de sufrimiento, fue posible por el sufrimiento del cordero que fue llevado al matadero, y que se convirtió en nuestro Salvador. Muchos no entienden que Dios permite el dolor para que seamos beneficiados, para que aprendamos lecciones, para que aprendamos a vivir con fidelidad, para que veamos si realmente somos hijos de Dios, y si lo somos, para que determinemos si somos niños, adolescentes o adultos maduros.

En toda pérdida experimentamos sufrimiento; y vamos a pasar por un tiempo de duelo inevitable, cuya extensión depende de sus acciones y de su reacción. La muerte de seres queridos, la pérdida de un empleo, una enfermedad seria, su divorcio etc. son experiencias de pérdida, que nos introducen obligadamente en una temporada de duelo, cuya extensión depende de la sabiduría y la obediencia que demostremos. Cuando enfrentamos las crisis provocadas, o permitidas por Dios, que nos llevan a pensar que ellas nos desvían de sus planes soberanos, debemos recordar que Él nunca se equivoca. Debemos responder sabiamente, reenfocándonos en su voluntad; y elegir vivir con excelencia, pese a que, por el dolor de las consecuencias, tendemos a responder con desobediencia o indiferencia. Solo nuestra sumisión a Dios, y el desarrollo de nuestra paciencia, permiten que enfrentemos el dolor con excelencia.

Admita que Dios es soberano, y permite siempre todo lo que ocurre, y que, además, a veces provoca lo que nos sucede, sea bueno o malo, desde el punto de vista humano. Recuerde que fue la rebelión del hombre la que produjo consecuencias dolorosas; y que nuestro amoroso Dios nos ha prometido que va a aliviar nuestro sufrimiento mientras estemos en este mundo; y a terminar con todos los dolores y males producto del pecado y nuestras debilidades, cuando estemos viviendo en su eterna gloria.

El sufrimiento es parte esencial de la fe cristiana, pues, por medio del sufrimiento de nuestro Salvador, nosotros somos parte de su familia; y Él tiene control de nuestras vidas mientras pasamos por los valles de sombra de muerte de este mundo. Por medio del sufrimiento nuestro Salvador llegó a ser como nosotros; y nos comprende como nadie; y por medio del sufrimiento, nosotros nos vamos pareciendo a Él mientras experimentamos la redención y la transformación.

Así como el sufrimiento de nuestro Salvador tenía un propósito, y el Padre estaba con Él, así nuestro sufrimiento tiene propósito, y Jesucristo prometió estar siempre con nosotros. Cuando no confiamos en Dios, lo estamos tratando como si fuera un ser humano falible; cuando confiamos en Él, lo tratamos como lo que Él es, nuestro único, infalible, siempre amoroso y Dios todopoderoso.

Busque volver a desarrollar su intimidad con Dios, tal como por Él fue ordenada; y rodee su proceso con la oración disciplinada. Recuerde que, en tiempos de decepción, dolor, sufrimiento, y desesperanza, no existe nada mejor que relacionarse íntimamente con Dios por medio de la oración. Derrame su dolor en la presencia de Dios, reconozca la soberanía de su Señor en sus oraciones. Pida perdón por sus pecados y adore al Dios que desea tener esa relación cercana con usted, y ser su consuelo y líder en medio de su sufrimiento.

Determine pasar por todo el proceso de sufrimiento, involucrado fielmente en la oración. En medio del sufrimiento, que parece no terminar, no es fácil orar. Realmente, a veces, no quiero orar; especialmente si he orado y no he visto ningún cambio. A veces, solo repetimos palabras sin sentido; y cuando oramos sin sentido, cuando realmente no estamos convencidos de que estamos en presencia del Dios omnisciente, omnipotente y omnipresente, nuestro corazón realmente no está conectado con Dios. No debemos detenernos; debemos cambiar de actitud, y como alguien dijo: "Debemos orar hasta que realmente oremos." Debemos orar expresando nuestra realidad, nuestro dolor, nuestras dudas; y pedir a Dios, como alguien dijo: "Aliviana mi carga y fortalece mi espalda."

Desarrolle cortos momentos de intimidad con el Todopoderoso. Adórele, llore, hable con Él, descanse en Él, como nunca. Pídale que le ayude a pasar las pruebas y que le dé sabiduría para tomar buenas decisiones. Dígale que, si es su voluntad, cambie sus circunstancias, o que cambie su corazón si Él desea que siga en sufrimiento. Pídale que le libre del mal y de las tentaciones.

Principio para recordar:

"Nuestra respuesta frente al sufrimiento nunca debe ser la ira, tampoco ignorar la soberanía de Dios; ni elegir la amargura, o el destructivo resentimiento. Nuestro deber es compartir con Él nuestro dolor, y buscar la sabia dirección del Dios soberano, que es sabio; y nunca malgasta una prueba, ni busca nuestra destrucción."

Estudiemos ahora otro paso bíblico saludable para enfrentar los sufrimientos inevitables.

Cuarto: tome la decisión de prepararse bíblica y profesionalmente, sometiéndose al discipulado de líderes sabios, para que obtenga de la Palabra de Dios el conocimiento y el discernimiento, para no pasar por los sufrimientos que se pueden evitar.

En ciertos momentos no solo necesitará consejería especializada, bíblica y profesional de líderes bien preparados, sino también estar involucrado en programas de discipulado, que le preparen para vivir con sabiduría en todas las áreas de su vida. Existen muchos sufrimientos que son evitables, y podemos lograrlo solo si nos preparan líderes sabios, si nos discipulan para que decidamos amar a Dios, someternos a su voluntad, y en nuestras decisiones y relaciones evitar todo acto de maldad. Dios no quiere que suframos como resultado de nuestras decisiones tontas y pecaminosas, pero a veces las buscamos. A veces, por ignorancia, elegimos caminos erróneos y respuestas indebidas; y por ello, para ser entrenados, necesitamos ser discipulados. Dios nunca nos entrega principios para amargarnos la vida, sino para evitarnos sufrimiento, y para que vivamos en santidad. Sus mandamientos están destinados a nuestro florecimiento, nuestro progreso, nuestra prosperidad, nuestra alegría y felicidad. Vivir de acuerdo con la voluntad de Dios, en la mayoría de las situaciones, en realidad, conducirá a una vida de paz y tranquilidad; vivirá los sufrimientos inevitables, y los enfrentará bíblicamente; y evitará todo lo que puede causar sufrimiento y dolor. Pero para vivir maduramente, necesita ser discipulado. Debe aprender a vivir basado en las verdades bíblicas; no siguiendo ideas extremas o religiosas. De ninguna manera quiero que piense que usted puede evitar el sufrimiento ordenándole a Dios mediante sus declaraciones de fe y decretos. Tampoco quiero que crea que Dios quiere que todos tengamos dinero y bienes abundantes, como lo enseña el falso evangelio de la prosperidad no bíblica. Se preparan para sufrir quienes, por su errónea comprensión de las Escrituras, esperan lo que Dios no ofrece. Recuerde que nosotros somos responsables de nuestras elecciones, y de vivir vidas sabias, productivas y prósperas y, además, de evitar todo lo que produzca sufrimiento innecesario.

Dado que el pecado personal, y de los que nos rodean, es la principal causa del sufrimiento, se pueden evitar muchos sufrimientos innecesarios, si tomamos la decisión de saber cuidarnos para evitar desórdenes, errores y pecados que pueden resultar en nuestro sufrimiento, y también evitando las relaciones tóxicas, que pueden producirnos sufrimiento. Aprendemos a vivir con esta sabiduría, y de la forma excelente que Dios ha diseñado, solamente cuando elegimos líderes sabios y bíblicos, y por ellos somos discipulados.

La sabiduría de evitar lo evitable que produce sufrimiento

Nuestras irresponsabilidades, descuidos, nuestra desidia, nuestra indolencia, a la larga producen sufrimientos, y todo es evitable. Quienes se descuidan de su salud, o peor a un, quienes comen y hacen lo que los médicos les han prohibido debido a las enfermedades que tienen, están buscando sufrimiento.

Algunos, para actuar sabiamente, tendrán que aprender el valor de decir NO a lo destructivo para su salud, y SÍ a lo que sirve para mejorar su salud, o aun para evitar una enfermedad. Algunas personas se exceden en sus ocupaciones, y no duermen lo necesario; otros se descuidan de sus responsabilidades por la pereza. Algunos podrán evitar sufrimiento si deciden hacer ejercicios en forma regular, que no solo aumenta su energía, sino que es un antiestrés y un antidepresivo natural. Algunas personas evitarán sufrimiento siendo proactivos en la búsqueda de una dieta saludable, convirtiéndose en mejores mayordomos de su cuerpo.

Debemos buscar ser discipulados, y debemos seguir las instrucciones que nos entregan los líderes, pues Dios disciplina la desobediencia. Observe cómo Dios trató con su pueblo: *"58» Si te niegas a obedecer todas las palabras de instrucción que están escritas en este libro y no temes el nombre glorioso e imponente del Señor tu Dios, 59 el Señor te abrumará con plagas indescriptibles a ti y a tus hijos. Esas plagas serán intensas y sin alivio, te harán desgraciado y te dejarán terriblemente enfermo. 60 Él te afligirá con todas las enfermedades de Egipto que tanto temías, y no tendrás alivio. 61 El Señor te afligirá hasta destruirte con todas las enfermedades y las plagas que existen, aun con las que no se mencionan en este libro de instrucción." (Deuteronomio 28:58-61).*

Dios no ha cambiado, Él sigue siendo el juez justo; y Él puede permitir enfermedades debido a nuestra negativa a ser buenos mayordomos de nuestra vida, y a nuestra negativa a someternos a su Palabra.

Hay personas que padecen de estados depresivos porque no saben vivir, porque se llenan de preocupaciones innecesarias, porque se echan encima problemas de otros que no deberían. Hay padres que nunca dejan de sufrir porque nunca dejan de buscar el sufrimiento. Ellos siguen queriendo cambiar a sus hijos, aunque, cada vez que sus hijos pecan o fallan, se llenan de ansiedad. Algunas personas, cuyos familiares han muerto, no dejan de seguir sufriendo. Algunos se han divorciado hace muchos años, y siguen buscando sufrimiento, relacionándose con cónyuges tóxicos y abusivos. Algunas mujeres siguen sufriendo porque mantienen relaciones enfermas, porque no buscan herramientas para enfrentar sus problemas, o, cuando las reciben, no las usan, y siguen usando las mismas formas que les han producido y mantenido en medio del sufrimiento.

Dios nos creó para que necesitáramos ejercicio, dormir bien y comer sano. Dios nos ordena que echemos toda nuestra ansiedad sobre Él, y no debemos llenarnos de depresión por permitir lo que no deberíamos. Las formas de vida poco saludables producen enfermedades, y las enfermedades producen sufrimiento; hay enfermedades que podrían ser evitadas, o por lo menos, manejadas con sabiduría.

Los problemas financieros, que producen sufrimiento, muchas veces los hemos buscado nosotros por nuestra falta de sabiduría o imprudencia. Los accidentes y los descuidos contribuyen en gran medida al sufrimiento de las personas, y es nuestro deber aprender a ser prudentes y no tomar riesgos innecesarios. Dios advirtió a su pueblo que ignorar su guía resultaría en enfermedades y dolencias, y esa advertencia nosotros debemos tomarla en serio. (Deuteronomio 28:58-61).

Personas sufren por problemas financieros que podrían evitar, porque se endeudan sin sabiduría, porque prestan dinero, o se comprometen a ser garantes de otras personas que adquieren bienes. Hay quienes ayudan a quienes le piden dinero prestado, para luego sufrir porque no les pagan, y pierden el dinero y la amistad.

La Palabra de Dios ordena: *"Es peligroso dar garantía por la deuda de un desconocido; es más seguro no ser fiador de nadie." (Prov. 11:15) "Así como el rico gobierna al pobre, el que pide prestado es sirviente del que presta." (Prov. 22:7)* La Biblia no impide que prestemos dinero, pero tampoco fomenta la práctica; y quienes quieren evitar sufrimiento, deben ser sabios administrando su dinero. Están buscando sufrimiento los flojos, quienes se acostumbran a vivir irresponsablemente. *"Si te encanta dormir, terminarás en la pobreza. ¡Mantén los ojos abiertos y tendrás comida en abundancia!" (Prov. 20:13)* Quién no emprende, no inicia estudios, negocios, trabajo y quien no termina lo que comienza busca el sufrimiento. *"9 Pero tú, holgazán, ¿hasta cuándo seguirás durmiendo? ¿Cuándo despertarás? 10Un rato más de sueño, una breve siesta, un pequeño descanso cruzado de brazos. 11Entonces la pobreza te asaltará como un bandido; la escasez te atacará como un ladrón armado." (Prov. 6:9-11) "Los perezosos ni siquiera cocinan la presa que han atrapado, pero los diligentes aprovechan todo lo que encuentran." (Prov.12:27)*

No evitan ciertos sufrimientos quienes rechazan el consejo divino. Salomón escribe: *"30 Rechazaron mi consejo y no prestaron atención cuando los corregía. 31 Por lo tanto, tendrán que comer el fruto amargo de vivir a su manera y se ahogarán con sus propias intrigas." (Proverbios 1:30-31)*

Viven en un mundo de amarguras, un mundo de intrigas, un mundo de sufrimientos quienes siguen haciendo lo que quieren, aunque la Palabra de Dios no lo quiera.

Quienes no toman decisiones sabias, porque no saben; quienes no utilizan la inteligencia que usan los sabios; quienes no viven una vida disciplinada y correcta, buscan el sufrimiento. Salomón dice: *"2 El propósito de los proverbios es enseñar sabiduría y disciplina, y ayudar a las personas a comprender la inteligencia de los sabios. 3 Su propósito es enseñarles a vivir una vida disciplinada y exitosa, y ayudarles a hacer lo que es correcto, justo e imparcial." (Prov.1:2-3)*

Evitan sufrimientos quienes dejan de ser ingenuos, que buscan ser discipulados, que reciben entrenamiento para desarrollar discernimiento. Salomón dice: *"Estos proverbios darán inteligencia al ingenuo, conocimiento y discernimiento al joven."* *(Prov.1:4)*

Quienes eligen vivir como simplones, incautos, crédulos, quienes eligen no obedecer, no someterse a Dios, seguir sus ideas, seguir sus emociones, sus caminos, quienes eligen ser necios, buscan sufrimiento y no tendrán paz. Salomón dice: *"32 Pues los simplones se apartan de mí hacia la muerte. Los necios son destruidos por su despreocupación. 33 En cambio, todos los que me escuchan vivirán en paz, tranquilos y sin temor del mal»."* *(Prov. 1:32-33)*

La sabiduría de relacionarse sabiamente con los necios

Una de las más grandes fuentes de sufrimiento es las relaciones enfermas. Hay quienes son necios e imprudentes, y se relacionan con personas problemáticas e irrespetuosas. Hay quienes permiten que miembros de su familia usen palabras destructivas, tengan malas actitudes y elijan acciones hirientes y abusivas.

Uno se busca el sufrimiento cuando permite relaciones enfermas, aunque los problemáticos sean miembros de su familia. Nunca, y en ninguna circunstancia, debemos permitirlo. Relacionarse con primos, tíos, suegros, padres, o hijos adultos, que actúan irrespetuosamente, es una errónea elección que produce sufrimiento.

Pablo ordena a su discípulo: *"1 Timoteo, es bueno que sepas que, en los últimos días, habrá tiempos muy difíciles. 2 Pues la gente (amigos, vecinos, familiares, tíos, jefes compañeros de trabajo, hermanos, tíos, padres, etc.) solo tendrá amor por sí misma y por su dinero. Serán fanfarrones y orgullosos, se*

burlarán de Dios, serán desobedientes a sus padres y mala-
gradecidos. No considerarán nada sagrado. 3 No amarán ni
perdonarán; calumniarán a otros y no tendrán control propio.
Serán crueles y odiarán lo que es bueno. 4 Traicionarán a sus
amigos, serán imprudentes, se llenarán de soberbia y amarán
el placer en lugar de amar a Dios. 5 Actuarán como religiosos,
pero rechazarán el único poder capaz de hacerlos obedientes
a Dios. ¡Aléjate de esa clase de individuos! (2 Timoteo 3:1-5)

No se relacione con necios, con personas que irrespetan, y no
controlan su temperamento. La Biblia ordena: *"24 No te hagas*
amigo de la gente irritable, ni te juntes con los que pierden los
estribos con facilidad, 25 porque aprenderás a ser como ellos y
pondrás en peligro tu alma." (Proverbios 22:24-25)

Busca el sufrimiento quien se asocia con las personas tóxicas.
Pablo ordena: *"11 No se relacionen con ninguno que afirma*
ser creyente y aun así se entrega al pecado sexual o es avaro
o rinde culto a ídolos o insulta o es borracho o estafador. Ni
siquiera coman con esa gente." (1 Corintios 5:11)

Pedro ordena que no seamos influenciados por la necedad de
otros. El escribe: *"17 Queridos amigos, ustedes ya saben es-*
tas cosas. Así que manténganse en guardia; entonces no serán
arrastrados por los errores de esa gente perversa y no perde-
rán la base firme que tienen." (2 Pedro 3:17)

No rechace las órdenes divinas de desarrollar relaciones sa-
nas, no pierda su alegría, no pierda su paz, no elija sufrimiento
relacionándose con quienes viven en el error y son personas
tóxicas. Una relación tóxica es aquella que socava constantemente su sensación de bienestar, felicidad y, en ocasiones,
seguridad. Los desacuerdos o conflictos ocasionales son nor-
males en cualquier relación, pero un patrón continuo de daño
emocional, falta de respeto y manipulación, puede provocar un

deterioro de la salud mental y emocional y, de seguro, le meterá en el sufrimiento que usted puede evitar.

Usted está buscando sufrimiento si se relaciona con quienes le menosprecian, que viven insultando, o en discusiones, que utilizan palabras groseras y constantemente le amenazan, ignoran, ridiculizan o rechazan. Permanecer en una relación tóxica puede tener consecuencias muy serias en su salud mental, emocional y, a veces, física; y todo eso es sinónimo de sufrir. La persona vive en un mundo de tensión que le provoca ansiedad, estados depresivos, y va destruyendo su autoestima; pero nunca puede salir de una relación toxica la persona que elige seguir relacionada con quienes son problemáticos.

Pedro nos dice que podemos sufrir por la causa de Cristo en forma injusta, pero también nos advierte que no busquemos el sufrimiento por actuar indebidamente. Pedro ordena: *"15 Sin embargo, si sufren, que no sea por matar, robar, causar problemas o entrometerse en asuntos ajenos. 16 En cambio, no es nada vergonzoso sufrir por ser cristianos. ¡Alaben a Dios por el privilegio de que los llamen por el nombre de Cristo!"* *(1 Pedro 4:15-16).* En otras palabras, no busquen el sufrimiento, vivan en santidad, hagan lo correcto delante de Dios para evitar el sufrimiento evitable.

Las personas que no establecen buenos límites de protección de su vida, y permiten el maltrato, no obedecen este mandamiento: *"23 Sobre todas las cosas cuida tu corazón, porque este determina el rumbo de tu vida."* *(Proverbios 4:23)* Quienes permiten relaciones con hijos, cónyuges, suegras, personas de la congregación que son tóxicas, eligen su sufrimiento. Personas van por un rumbo doloroso, no porque el camino sea de espinas y piedras, sino porque ellos deciden no ponerse zapatos. Guardar nuestro corazón demanda que sepamos establecer límites en lo que hacemos a otras personas, y lo que permitimos y nunca hacer ni permitir lo que Dios prohíbe, aun a cuenta del amor. Quienes establecen límites evitan problemas, heridas, ataques, abusos, y aun la violencia; y así también evitan ser heridos, evitan las amarguras, las relaciones enfermas y el resentimiento, es decir, evitan sufrimiento.

Jesús mostró límites en su ministerio terrenal no relacionándose cercanamente con todas las personas, no permitiendo las ideas erróneas de los religiosos, invitando a sus discípulos a descansar cuando lo necesitaban, a pesar de su gran compasión y amor por las personas. Él decidía cuándo poner límites, y retirarse a lugares solitarios para orar y reponer sus energías (Lucas 5:16). Quienes no saben cómo establecer límites y no tienen la determinación de aprender a ponerlos, no están evitando sufrimientos, lo están buscando.

Un respeto profundo por la realidad del sufrimiento y la disposición a enfrentarlo como Dios ordena, implica que aceptamos nuestras limitaciones, que conocemos nuestro potencial y nuestra humanidad. Cuando reconocemos que el sufrimiento es parte integral de nuestras vidas, pero que existen sufrimientos que es nuestra responsabilidad evitar, actuamos sabiamente.

Es un error buscar el sufrimiento, porque cuando lo buscamos, no sufrimos por Cristo. Pedro escribe: *"19 Pues Dios se complace cuando ustedes, siendo conscientes de su voluntad, sufren con paciencia cuando reciben un trato injusto. 20 Es obvio que no hay mérito en ser paciente si a uno lo golpean por haber actuado mal, pero si sufren por hacer el bien y lo soportan con paciencia, Dios se agrada de ustedes. 21 Pues Dios los llamó a hacer lo bueno, aunque eso signifique que tengan que sufrir, tal como Cristo sufrió por ustedes. Él es su ejemplo, y deben seguir sus pasos."* (1 Pedro 2:19-21)

No existe crédito, no existe honor, cuando sufrimos como producto de nuestros pecados, y rebelión o por nuestras malas decisiones, y por elegir malas relaciones. Nuestro deber es evitar todo sufrimiento innecesario, y no vivir orando para que Dios nos alivie el sufrimiento, si somos nosotros los que lo estamos eligiendo.

Principio para recordar:

La orden bíblica es clara y sencilla: "Sobre todas las cosas cuida tú corazón, porque este determina el rumbo de tú vida." Son sabios los que establecen límites para elegir evitar los errores y pecados que producen sufrimiento y a las personas toxicas que nos hacen sufrir por sus necios comportamientos.

Nos corresponde estudiar ahora la quinta decisión sabia para enfrentar bíblicamente el sufrimiento:

Quinto: no escuche las instrucciones que resultan de sermones de personas bien intencionadas, pero bíblicamente mal entrenadas.

La peor fórmula para enfrentar el sufrimiento es buscar soluciones ingenuamente, y el consejo de quienes son sinceros pero no tienen la capacidad bíblica ni profesional para guiar sabiamente. Los consejos bien intencionados, de personas mal preparadas, nos preparan para responder frente a las crisis en forma sincera, pero errónea. La sinceridad no es suficiente para entregar sabio consejo; y aun la buena intención, por falta de preparación, conduce al error y a la decepción. Es un serio desacierto seguir las enseñanzas de quienes no interpretan las Escrituras correctamente. Si usted elige una congregación en la que el pastor no se ha preparado; y es nombrado para servir en un ministerio solo por ser fiel en una congregación por muchos años, o solamente porque ha sido la mano derecha del pastor, nunca recibirá consejo bíblico. No puede recibir consejo bíblico de un líder sincero, pero no preparado. Si usted es parte de organizaciones que no requieren preparación teológica de sus pastores, tendrá consejo erróneo, pues puede tener líderes bien intencionados, pero mal preparados, y la mala preparación siempre conduce a entregar errónea información.

La Palabra de Dios nos ordena no escuchar instrucciones de personas neófitas, líderes que no trazan bien la palabra de verdad. Un pastor que no sabe aconsejar puede perpetuar el sufrimiento de una mujer maltratada por su marido si le aconseja que solo ore y no le da herramientas de confrontación. Un líder no preparado puede lograr que se agrave la situación emocional de una mujer con depresión posparto y perpetuar su sufrimiento, si no le dice que busque ayuda médica, y le aconseja que solo ore a Dios. Los líderes tenemos una gran responsabilidad, pues Dios nos llamará a cuentas por todo consejo que demos, y por toda predicación que realicemos; y seremos culpables de los errores de personas a las que, pudiendo instruirlas, no las instruimos.

Sabiendo que su muerte se acercaba, Pablo decidió reunirse con los ancianos de Éfeso en la playa cerca de Mileto, para advertirles lo siguiente: *"29 Sé que, después de mi salida, vendrán en medio de ustedes falsos maestros como lobos rapaces y no perdonarán al rebaño. 30 Incluso algunos hombres de su propio grupo se levantarán y distorsionarán la verdad para poder juntar seguidores. 31 ¡Cuidado!"* (Hechos 20:29-31). Esas advertencias se resumen en la palabra traducida cuidado en Mateo 7:15.

Los líderes bien intencionados, pero mal preparados no guían a las personas para que salgan de sus sufrimientos; y los falsos profetas no solo están equivocados; son peligrosos porque distorsionan la verdad, y no debemos entregarles nuestra mente para que inserten información errónea, y muchas veces pecaminosa.

Es esencial que nos aseguremos de que las instrucciones que recibimos son bíblicas, especialmente cuando se trata de buscar directrices divinas para enfrentar las crisis. No escuche sermones de motivadores evangélicos, o de malos intérpretes de la verdad, que ofrecen sus ideas, pero no las verdades bíblicas bien interpretadas. No se deje guiar por quienes entregan soluciones espiritualizadas, basadas en sus ideas humanas, más bien siga los consejos de pastores, líderes o consejeros capacitados, para entregar consejo bíblico sobre cómo actuar en toda circunstancia. Los engañadores, los líderes falsos y los bien intencionados, pero equivocados, han existido siempre; y Dios, no solo en el Antiguo Testamento, ordenó que no escucharan a los engañadores; también en el Nuevo Testamento, Dios nos ordena que actuemos con discernimiento y prudencia.

Observe lo que Dios ordenó a su pueblo:
"8 Esto dice el Señor de los Ejércitos Celestiales, Dios de Israel: "No permitan que los engañen los profetas y los adivinos que están entre ustedes en la tierra de Babilonia. No presten atención a sus sueños, 9 porque les dicen mentiras en mi nombre. Yo no los envié", dice el Señor. 10 Esto dice el Señor: "Ustedes permanecerán en Babilonia durante setenta años; pero luego vendré y cumpliré todas las cosas buenas que les prometí, y los llevaré de regreso a casa. 11 Pues yo sé los planes que tengo para ustedes —dice el Señor—. Son planes para lo bueno y no para lo malo, para darles un futuro y una esperanza. 12 En esos días, cuando oren, los escucharé. 13 Si me buscan de todo corazón, podrán encontrarme. 14 Sí, me encontrarán —dice el Señor—. Pondré fin a su cautiverio y restableceré su bienestar. Los reuniré de las naciones adonde los envié y los llevaré a casa, de regreso a su propia tierra". (Jeremías 29:8-14)

En otras palabras, les dice: habrá algunos de ustedes que me buscarán y me hallarán, porque me buscarán de todo corazón. La pasión más intensa que tendrán será esa: conocerme; y como resultado, yo los haré regresar a su tierra.

Las promesas de Dios para su pueblo se cumplen, pero deben ser promesas divinas reales. Quienes entregan promesas que no son para hoy, ni son para el ahora, crean una expectativa enfermiza que terminará en decepción, pues lleva a las personas al error.

Las promesas que Dios hizo a su pueblo se cumplieron en el pasado, se siguen cumpliendo en el presente, y se cumplirán en el futuro, pero personas bien intencionadas y mal preparadas, pueden llevarle a la decepción por hacerle creer una promesa que era para otros en el pasado, y no para nosotros en el presente.

Dios ha prometido que nos fue a preparar morada y cumplirá. Prometió que nos daría su salvación por gracia, y sigue cumpliendo. Nos ha prometido que terminará la buena obra que comenzó y que viviremos con Él eternamente, y cumplirá fielmente sus promesas; pero no todas las promesas que aparecen en la Biblia son para todos los hijos de Dios en todas las épocas.

Los motivadores evangélicos, que no interpretan correctamente las Escrituras, como lo hicieron muchos en la pandemia, le dirán que le crean a Dios, que boten sus medicinas, que tengan fe; y le prometerán que cuando hay plaga *"caerán a tu lado mil y diez mil a tú diestra, más a ti no llegará."* Pero la pandemia igual llegó, y destruyó. Es que es un serio error, que lleva a la decepción, apropiarse de promesas que no son específicamente para nosotros.

No todas las promesas de Dios son para nosotros. La Biblia declara la voluntad de Dios y tiene mucho para nosotros específicamente. Pero cada versículo de ella no es una lista de cosas que debemos hacer. Nuestro manual de vida no está en todos y cada uno de los versículos que nosotros hemos decidió personalizar. La Biblia es una gran historia, pero revela testimonios, promesas para su pueblo, promesas específicas que no son para nosotros, pactos hechos con individuos, y que no se extienden a todos sus hijos. La Biblia nos muestra cómo Dios se ha revelado progresivamente a lo largo del tiempo y a diferentes personas, para lograr su propósito final; y ha dado instrucciones a su pueblo y también ha dado instrucciones especificas para otras personas que no debemos seguir porque no son entregadas específicamente para nosotros. Dios nos muestra en su Palabra pactos específicos con personajes específicos, promesas específicas para personas específicas; y tareas específicas para tiempos específicos. No a todos se nos ordena construir un arca, no a todos se nos dice que, si guardamos su Palabra, en la tierra lloverá, pero si desobedecemos, enviará plagas y nos expulsará de la tierra. Eso fue para Israel.

Observe esta instrucción que realiza el apóstol: *"14 ¿Está alguno enfermo entre vosotros? Llame a los ancianos de la iglesia, y oren por él, ungiéndole con aceite en el nombre del Señor. 15 Y la oración de fe salvará al enfermo, y el Señor lo levantará; y si hubiere cometido pecados, le serán perdonados." (Santiago 5:14-15) RVR1995* ¿Significa que siempre que la persona enferma llame a los ancianos, y la unjan con aceite, siempre será sanada? No. La realidad indica que no es así. Que no todas las veces que los ancianos oran por los enfermos y los ungen con aceite, son sanados. Dios no ha fallado, la promesa no ha fallado, solo que quienes la toman literalmente, y generalizan su enseñanza, la han mal interpretado.

Principio para recordar:

"Escuchar a motivadores, escuchar a quienes interpretan mal los versículos, y que a pesar de sus buenas intenciones, realizan terribles interpretaciones, nos conducen a un mundo de equivocaciones y decepciones."

Si desea enfrentar sabia y bíblicamente el sufrimiento, esta es la sexta instrucción:

Sexto: elija una actitud positiva, obedeciendo la orden bíblica de imitar la actitud de Cristo el varón de dolores experimentado en quebrantos.

Es importante recordar que superar el sufrimiento, a menudo no consiste en eliminarlo por completo, sino en aprender a gestionarlo y afrontarlo de forma más saludable y con una actitud positiva. Pablo ordena: *"4 Regocijaos en el Señor siempre. Otra vez digo: ¡Regocijaos! 5 Vuestra gentileza sea conocida de todos los hombres. El Señor está cerca. 6 Por nada estéis afanosos, sino sean conocidas vuestras peticiones delante de Dios en toda oración y ruego, con acción de gracias. 7 Y la paz de Dios, que sobrepasa todo entendimiento, guardará vuestros corazones y vuestros pensamientos en Cristo Jesús." (Filipenses 4:4-7)*

Decida regocijarse siempre, no en ciertas circunstancias. Recuerde que su Salvador y Señor está con usted siempre, por lo que siempre podemos regocijarnos. No permita que el sufrimiento y el dolor le conduzcan a elegir una mala actitud con los que le rodean. Pablo me ordena que mi gentileza, y no mi malcriadez, sea conocida por todas las personas. Cuando sufra, me ordena que no me llene de afán por lo que no puedo cambiar, y que más bien ore para que Dios me dé sabiduría para enfrentar bien las cosas posibles, y que deje que Él, soberanamente, se encargue de aquello que para mí es imposible.

Decida no quejarse, más bien decida alegrarse, no en el sufrimiento, sino en que no está solo en medio de los sufrimientos humanos. Recuerde que, bíblicamente definida, la actitud no es una emoción que usted experimenta, es una elección que usted realiza. No importa cómo se sienta, usted debe elegir ver la vida como Dios la ve, debe ver la vida en forma positiva. Elija una buena actitud, confíe en Dios, entregue la carga que no puede llevar, y lleve la que le corresponde. Solo así se cumplirá la promesa divina que dice que *"la paz de Dios, que sobrepasa todo entendimiento, guardará vuestros corazones y vuestros pensamientos en Cristo Jesús."*

Cuando llegue el sufrimiento, la Biblia siempre nos dice que nos regocijemos. No le dice que se alegre y disfrute, no le dice que tenga placer del dolor, le ordena regocijarse, porque tiene quién comprende su dolor. Usted no se alegra en el sufrimiento pero elige una actitud positiva porque el Dios que le ama está en control. No debemos disfrutar el sufrimiento, sino regocijarnos en él, mantener una actitud positiva en medio de nuestro dolor. Se ha dicho: "Ninguna sociedad ha desarrollado jamás hombres duros en tiempos de paz". El sufrimiento es prosperidad para quienes poseen una actitud positiva en medio de sus momentos de dolor y desafíos.

Abraham Lincoln mostró su fortaleza y carácter en medio del enorme peso de la Guerra Civil. John Bunyan fue encarcelado por su fe, y no se llenó de amargura y resentimiento, más bien, allí, en la cárcel, escribió el clásico libro que todo cristiano debe leer "El progreso del peregrino." Martín Lutero también fue encarcelado porque tenía creencias diferentes a las de la iglesia católica, y decidió confrontarlas, y sirvieron para iniciar la Reforma Protestante. Cuando fue confinado en el castillo de Wartburg tradujo la Biblia, para que la entienda el hombre común.

Todos tenemos motivos para quejarnos en medio del dolor, pero no todos lo hacemos, todos pueden ser destruidos por los sufrimientos y los ataques de los enemigos, pero algunos no lo permitimos. Todos nos encontramos, o nos relacionamos con personas negativas, pero algunos elegimos no permitir que nos afecten. En medio del sufrimiento, elija una actitud positiva, y fortalézcase en el recuerdo de la maravillosa gracia divina que le ha sido dada; y cómo, mediante ella, Dios le da lo que no merece. Disfrute del amor divino que le protege en el sufrimiento, y elija disfrutar de los beneficios de la gracia, mientras se va convirtiendo en un dispensador de gracia, y no solo en un receptor de ella.

Principio para recordar:

"No pregunte a Dios por qué Él permite el sufrimiento. Usted investigue por qué se está produciendo, para que pueda corregir la causa con sabiduría. Utilice todas las herramientas bíblicas para conocer el para qué Dios le permite pasar por el sufrimiento, y cómo debe responder a las crisis en toda circunstancia y en todo momento."

Estudiemos ahora la séptima fórmula bíblica para enfrentar el sufrimiento, de la manera que por Dios fue diseñada:

Séptimo: tenga un plan bíblico que permita una confrontación sabia de las experiencias dolorosas.

Superar el sufrimiento es un viaje complejo y profundamente personal. Debemos establecer estrategias bíblicas sabias, para evitar sufrimientos innecesarios, y vivir en santidad y excelencia. Solo la respuesta sabia, basada en consejos divinos, nos permite desarrollar la esencial resiliencia.

Cultivar la resiliencia es un viaje que demanda el uso de todos los recursos que Dios nos ha dejado disponibles, y por eso, debe planificar buscarlos y utilizarlos. Solo quienes obedecen la Palabra, se sujetan a su voluntad, y utilizan los recursos que Dios provee, podrán desarrollar la resiliencia que necesitan para vivir vidas de excelencia. La resiliencia es la capacidad que Dios nos deja disponible; nos deja el potencial para que nosotros la desarrollemos, mientras seguimos fielmente sus instrucciones. Ella nos permite resistir la adversidad, pasarla sin amarguras, y recuperarnos para salir mejores. Ella nos permite salir más preparados para enfrentar los siguientes acontecimientos difíciles de la vida. Esta capacidad no nos evita el dolor, el estrés, la agitación emocional y el sufrimiento, más bien nos permite desarrollar la capacidad de superar el dolor y el sufrimiento emocional, y salir mejor preparados para los nuevos desafíos.

Quienes carecen de resiliencia se sienten fácilmente abrumados, y pueden recurrir a mecanismos de afrontamiento poco saludables, o aun destructivos. Las personas resilientes aprovechan sus fortalezas y reconocen sus debilidades, buscan sistemas de apoyo, sólidos y eficaces, buscan personas sabias que les guíen y acompañen para superar desafíos y resolver problemas.

Para tener un programa sabio de cuidado de su vida, para evitar sufrimientos, y salir de ellos bíblicamente, considere lo siguiente:

Decida ser un buen mayordomo de su vida

Aun después de nuestras temporadas de rebelión, cuando nos arrepentimos de corazón, y nos humillamos para cumplir su voluntad, aun cuando estamos sufriendo las consecuencias, Dios nos ordena que vivamos con excelencia. Sea un buen mayordomo de su vida, para evitar sufrimientos por irresponsabilidad, por falta de sabiduría para administrar su dinero, por falta de sabiduría para cuidarse disciplinadamente, si está enfermo. Sea un buen mayordomo que cuida de su vida, para no ser destruido por temporadas de estrés y depresión, por no cuidarse integralmente. Sea un buen mayordomo de su vida alejando a las personas tóxicas, evitando ser una persona tóxica, y relacionándose con quienes son una contribución a su mejor estándar de vida.

Recuerde que si hemos fallado, u otros nos han fallado, no estamos obligados a seguir lamiendo nuestras heridas, debemos arrepentirnos y por nuestro arrepentimiento Él nos perdona, nos ofrece planes hermosos y una restauración maravillosa. Dios quiere que veamos la vida desde su perspectiva, pues todo lo permite con propósito. En las crisis, Dios pretende que vivamos para su gloria, que sigamos sus instrucciones para nuestro bien, y el bien de los demás. Debemos aprender a ser buenos mayordomos de nuestra vida, aun en medio del sufrimiento. Si no somos buenos mayordomos en el sufrimiento no crecemos, y somos motivo de dolor para los que nos rodean, y vamos a repetir el examen. Pero si somos buenos mayordomos, crecemos y ayudamos a otros a crecer.

No importa qué situación enfrentemos, Dios siempre puede lograr que todo redunde para nuestro bien, y solo demanda nuestra sumisión a su voluntad y nuestra obediencia a sus mandamientos. El problema es nuestra respuesta; algunos volverán cometer los mismos errores y pecados, y a eso se llama desobediencia; y otros no le darán mayor importancia a los consejos que entregamos, y a eso se le llama indiferencia. Esa falta de sabiduría para aceptar la verdad, apropiarse de ella, y convertirse en un buen mayordomo de toda su vida, no permite desarrollar resiliencia, ni vivir con excelencia.

Determine cuidar su cuerpo, y prepararlo para enfrentar las adversidades. La actividad física regular libera endorfinas que pueden mejorar el estado de ánimo y reducir la percepción de dolor o sufrimiento, menguando la sensación de dolor. El sufrimiento prolongado y mal manejado, trae al organismo consecuencias muy graves. Se pueden exacerbar los problemas de salud existentes y provocar la aparición de nuevos problemas. Cuando prolongamos el dolor, y no lo manejamos adecuadamente, podemos afectar el sistema inmunológico, provocar agotamiento, y ser más susceptible a las infecciones. Nuestra presión arterial puede ser afectada, y corremos riesgo de formación de coágulos sanguíneos. Los sufrimientos, como el duelo severo, pueden alterar el músculo cardíaco, y puede provocar lo que llaman el síndrome del corazón roto, que es un tipo de enfermedad cardíaca con síntomas similares a un ataque cardíaco. El dolor que se maneja mal y que, por ignorancia, no se aborda bíblicamente, dura más, y es una de las causas de la depresión.

El ejercicio ayuda a enfrentar el sufrimiento, porque cuando se realiza disciplinadamente, tiene efectos en el cerebro que pueden ayudar a restaurar la calidad de vida de los pacientes que experimentan el dolor que produce el sufrimiento.

Decida seguir obedeciendo y actuando sabiamente en lo que sea posible

El sufrimiento tiende a motivar a los inmaduros al resentimiento, la amargura y aun la rebeldía. El sufrimiento puede llevar a desatender responsabilidades, a no trabajar con responsabilidad, y aun a actuar con falta de integridad. A los maduros, los anima a tener mejor comunión con Dios, los motiva a aprender a vivir mejor, a hacer el bien y a confiar más en el Señor.

Aun en medio del sufrimiento, por cualquier razón incluyendo la disciplina divina, si es factible, no deje de cumplir con las obligaciones que Dios le ha asignado y hágalo de la mejor forma posible. Aun en tiempos de crisis, o disciplina, Dios siempre provee una forma sabia de confrontarla, pero nos sigue ordenando que sigamos haciendo lo correcto, pese al dolor.

Tenemos un Dios maravilloso, lleno de gracia y bondad, que junto con la tentación que nos invade, nos pone una salida para obtener la restauración. Esto lo vemos en las experiencias del pueblo de Dios. Dios no quería que en medio del sufrimiento detuvieran su vida y se sentaran a lamer sus heridas. Babilonia, por permiso divino, se convirtió en el instrumento de disciplina del pueblo de Dios. Todo estaba siendo orquestado por el Dios soberano que determinó que por 70 años las tribus del sur tuvieran que servir a la gente de Babilonia. Estaban en medio del sufrimiento, pero Dios no quería que perdieran las esperanzas. No quería que se abandonaran a los lamentos, ni vivieran sin hacer nada, amargados y resentidos. Les ordena que ni el sufrimiento impida el desarrollo de su vida con efectividad.

La Biblia dice que el profeta Jeremías había escrito una carta *"...a los ancianos, a los sacerdotes, a los profetas y a todos los que el rey Nabucodonosor había desterrado a Babilonia."* Esto decía la carta de Jeremías: *4 «Esto dice el Señor de los Ejércitos Celestiales, Dios de Israel, a los cautivos que él desterró de Jerusalén a Babilonia: 5 "Edifiquen casas y hagan planes para quedarse. Planten huertos y coman del fruto que produzcan. 6 Cásense y tengan hijos. Luego encuentren esposos y esposas para ellos para que tengan muchos nietos. ¡Multiplíquense! ¡No disminuyan! 7 Y trabajen por la paz y prosperidad de la ciudad donde los envié al destierro. Pidan al Señor por la ciudad, porque del bienestar de la ciudad dependerá el bienestar de ustedes".(Jeremías 29:4-7)*

Esta es la misma orden para nosotros. La orden era que, pese a la disciplina divina, pese a que Dios había permitido una temporada de seria crisis, pese a que vivían en medio de grande sufrimiento, siguieran trabajando responsablemente, sin resentimientos. La orden era, no dejen de vivir con responsabilidad solo porque están sufriendo, más bien sigan edificando, sigan plantando, sigan disfrutando del fruto de su trabajo. Sigan su vida normal, cásense, tengan hijos, busquen esposas para sus hijos porque, aunque estén en destierro, si siguen mis instrucciones, en medio de la crisis podrán tener prosperidad.

Receta divina para un hijo que sufre

Todos los personajes bíblicos que pasaron por grandes sufrimientos, y se sometieron a la voluntad divina pese a sus dolores y errores, fueron beneficiados. Moisés, David, Job, Elías, Marta y María, Pedro y Pablo sufrieron mucho, pero también experimentaron gran crecimiento en medio de su dolor. Job, en medio del sufrimiento, tuvo más comunión que nunca con Dios. David tuvo victorias increíbles cuando, pese a su angustia y sufrimiento, determinó humillarse y someterse al capitán de los ejércitos de Israel.

Los líderes no estamos exentos de las temporadas de sufrimiento, tampoco de las pruebas y de la obligación de depender de Dios y seguir sus instrucciones fielmente. El Señor me permitió pasar por dos temporadas de estrés muy fuerte, que afectaron mi salud y me exigieron buscar ayuda profesional, y tomar determinaciones radicales. Trabajaba en la Empresa Nacional del Petróleo de Chile, de lunes a viernes, de 8 a 17 horas. Desde las 18 hasta las 22.00 horas trabajaba como secretario de un sindicato de taxis. Los sábados atendía una oficina de contabilidad, y servía en la congregación los domingos. Pese a mi juventud, por mi excesivo involucramiento, poco descanso, nada de ejercicios, sin comer bien, experimenté una fuerte temporada de estrés, sin siquiera saber lo que era. Perdí todas mis energías, me sentía angustiado, pasaban por mi mente constantes pensamientos de que moriría, y mi único refugio fue mi Señor. No busqué un médico, ni siquiera sabía lo que experimentaba, y en esos tiempos, uno no identificaba sus estados depresivos, o los efectos de un estrés muy fuerte. Me refugie en Dios, oraba, cantaba llorando, le adoraba y pedía que me ayudara. En realidad, en mi ignorancia, solo Dios fue mi refugio, porque no tenía más conocimiento sobre cómo enfrentar mi difícil situación.

Mi segundo estado depresivo lo experimenté unos meses antes de graduarme en la universidad en los Estados Unidos el año 1987. Una vez más me sentía angustiado, no tenía consuelo, creía que moriría, y pensaba en mi esposita de 31 años, con cuatro hijitos, y viviendo con muy pocos recursos económicos. Sin tener ningún ahorro y ninguna propiedad, sin siquiera saber qué haríamos después de graduarme. Fue una temporada muy dura para mi esposita y para mí. Yo estudiaba a tiempo completo y pastoreaba una congregación. Fue muy duro debido a nuestra situación económica, por lo exigente del programa en la universidad, y porque tuve que aprender el idioma inglés mientras estudiaba teología. Mi programa de 4 años, lo realicé en dos años y medio. Dos meses antes de graduarme, entré en un terrible estado depresivo, producto del agotamiento. Mi esposita cuidaba a los niños, y también trabajaba para poder ayudar con nuestras precarias finanzas. La angustia era muy grande. Ni siquiera quería que me dejara solo en la cama. Comencé a llamar a compañías de seguros de vida, porque sentía desesperación al pensar que iba a dejar a mi esposita y a mis cuatro niños sin recursos.

Pasé por todos los exámenes médicos, y no me encontraron nada. Solo el estrés me estaba consumiendo. Un médico cristiano me dijo que dejara todo. Que dejara la universidad y la congregación, pues si moría, mis hermanos solo me despedirían en el cementerio y nadie cuidaría de mi familia. Nos visitó un misionero estadounidense que no conocíamos. Preguntó por mí, lo recibimos en casa; me dijo lo mismo, que dejara todo, y luego nos llevó a un supermercado mayorista, nos compró mucho de lo que necesitábamos para seguir subsistiendo se despidió, se marchó y nunca más supimos de él. Estamos convencidos de que fue un ángel del Señor, enviado para guiarnos en el sufrimiento.

Los descuidos, los errores, las imprudencias, pese a las buenas intenciones, nos pueden llevar a serias crisis y sufrimiento. Podemos estar haciendo la voluntad de Dios, y viviendo santamente, pero descuidados física y emocionalmente. Debemos hacer todo esfuerzo, y ser prudentes, para evitar las crisis, no producirlas, ni mantenernos en ellas. Dios, en su inmenso amor y misericordia, nos entrega la guía para salir del sufrimiento, y solo si somos obedientes, somos bendecidos grandemente.

Los líderes somos humanos, e incluso los más grandes siervos de Dios experimentaron días oscuros. Un buen ejemplo es el gran profeta Elías. Elías pasó por una temporada de agotamiento, temor, persecución y depresión. Llegó al momento en que quería morir, se apartó de todos, se fue solo, se fue al campo, y pedía a Dios que terminara su vida. Elías estaba acostumbrado a ver milagros; pidió que lloviera y llovió; y pidió que parara la lluvia y paró. Fue alimentado por cuervos, resucitó al hijo de una viuda, pidió fuego del cielo, y mató a cien hombres. Elías dividió el agua del Jordán, etc. Pero era un ser humano, sujeto al estrés y la depresión. Los hijos de Dios somos humanos, nos cansamos, tenemos temores, nos agotamos física y emocionalmente.

Elías estaba agotado física y emocionalmente. Había luchado y degollado a los profetas de Baal. La reina Jezabel amenaza con matar a Elías, y éste, asustado, corre hacia el desierto donde se sienta bajo un enebro, y cae en una depresión tan severa que pide a Dios su muerte. Agotado, se queda dormido dos veces, y Dios trató su sufrimiento de manera práctica. No le hizo un milagro, pese a que es un Dios de milagros, y que con solo un toque divino lo podía sanar, más bien lo trató físicamente. Le dio de comer dos veces, y le pidió que durmiera y descansara. Luego, Dios trató a su hijo emocionalmente, dándole un amigo llamado Eliseo, y lo trató espiritualmente mostrándole que Él no solo estaba en los milagros sino en las cosas simples de la vida. Cuando Elías vio el fuego, el viento recio y el terremoto, pensó que todas eran señales de la presencia de Dios. Y era verdad, era Dios quien estaba haciendo todos esos milagros, y Elías pensaba que Dios se mostraba en milagros una vez más. Pero solo experimentó la presencia de Dios de una forma simple. Dios estaba sencillamente en un silbo suave y apacible, como diciéndole, deja de esperar milagros y vuelve a la vida sencilla de comunión y relación conmigo. Y ya que te separaste de tu siervo para venir a aislarte, vuelve a tener amistad sincera y sencilla con alguien cercano, y ámense mutuamente. Esa fue la receta divina que, en mi temporada de estrés y ansiedad, yo también recibí y al utilizarla, Dios me dio también la victoria.

Principio para recordar:

Pablo sufrió azotes, vivió peligros en el desierto y en ríos, sufrió persecución, estuvo en prisión, y en naufragios a punto de perder la vida. Nadie como él puede decirnos: "Si es necesario gloriarse, me gloriaré en lo que es de mi debilidad." Cuando el sufrimiento nos debilita y nos sentimos confundidos y ansiosos, debemos confiadamente acudir a buscar la guía de nuestro Dios amoroso.

Estudiemos ahora la octava forma de responder sabiamente cuando enfrentemos sufrimiento:

Octavo: tome la decisión de invertir tiempo y dinero en consejería bíblica y profesional, para recibir entrenamiento para saber cómo enfrentar las crisis y el sufrimiento.

El objetivo del consejo sabio y bíblico es que la persona conozca cómo Dios opera, y lo que demanda, para que aprenda a ver la vida desde la perspectiva divina. La meta es que la persona aprenda a vivir para la gloria de Dios, con el poder y los recursos que le da el Salvador y Señor Jesucristo.

Nuestro Dios recibe la gloria cuando vivimos en obediencia. Dios es glorificado cuando nos sentimos satisfechos en Él, cuando nos relacionamos con Él como Él ordena. El sufrimiento amenaza con socavar nuestra fe y confianza en la bondad de Dios, por lo que los consejeros debemos guiarle bíblicamente, para que vuelva esa confianza, mientras aprende a ver quién realmente es Dios, cómo opera, cuáles son sus propósitos, y lo que espera de nosotros. De hecho, debemos ayudar a las personas para que hagan lo que es necesario; para que se sientan satisfechas en su relación con Dios, y que tengan confianza en el poder de Dios. Debemos ayudarles a comprender que Dios está cumpliendo su soberana voluntad, formándonos a la imagen de Cristo, y permitiendo que todo lo que ocurra obre para nuestro bien. Por esa razón, una sabia decisión para enfrentar el sufrimiento es buscar el consejo bíblico esencial.

El buen asesoramiento bíblico no es solamente una técnica terapéutica de ayudarle a pasar por las crisis y el sufrimiento. La consejería consiste en que las personas aprendan a amar a su Señor y Salvador, y se conviertan en discípulos que siguen órdenes divinas con alegría en todas las áreas de su vida. Cristo quería que el joven rico que se le presentó pierda su pasión por el estilo de vida cómodo, y se enamore del Rey de reyes para que, con alegría, venda todo lo que tenía para mejor buscar el Reino de los cielos. Jesús dijo: *"El reino del cielo es como un tesoro escondido que un hombre descubrió en un campo. En medio de su entusiasmo, lo escondió nuevamente y vendió todas sus posesiones a fin de juntar el dinero suficiente para comprar el campo."* (Mateo 13:44). Jesús quería que la gente entrara a la vida nueva del Reino que Él traía, y que dejaran de ver la vida con la perspectiva humana que ellos la veían. Él quería que vieran la vida a través de los ojos del Salvador, del único Señor a quien debemos entregarle todo el control. Él quiere que nuestra forma de ver la vida, de ver las finanzas, de ver la familia, de ver las tragedias, los accidentes, las crisis, las enfermedades, la muerte y el sufrimiento, sea desde la perspectiva divina eterna.

La consejería sabia y bíblica debe entregar a las personas la perspectiva divina del sufrimiento, porque cuando tenemos una perspectiva incorrecta, y no bíblica, vivimos decepcionados. Cuando venimos a Cristo no se acaba el sufrimiento, significa más sufrimiento. Si no aprende a creer que Dios no es injusto, que nuestro Soberano no hace mal, no nos daña, no afecta negativamente nuestra vida cuando permite el sufrimiento, se convertirá en una persona resentida, molesta, y Dios no será glorificado. Si no creemos que Dios es siempre justo, pese a nuestro sufrimiento, Cristo no será honrado, la iglesia será una debilucha o con una mentalidad hedonista, solo buscando placer por medio de bendiciones materiales, salud, o éxito al estilo mundano. Jesús ensenó la gran diferencia de la vida cristiana cuando alguien le dijo *"Maestro, te seguiré dondequiera que vayas"* y su respuesta fue *"Las zorras tienen guaridas y las aves del cielo nidos, pero el Hijo del Hombre no tiene dónde recostar su cabeza." (Mateo 8:19–20)* Le dijo no vienes al Reino para ser rico, sino para saber vivir la vida del Reino. Cuando ordenó a sus discípulos que se amen unos a otros, luego les dijo: *"20 ¿Recuerdan lo que les dije? "El esclavo no es superior a su amo". Ya que me persiguieron a mí, también a ustedes los perseguirán." (Juan 15:20)*

El apóstol Pedro nos recuerda lo que incluye la vida cristiana y esta es la perspectiva que debe tener todo cristiano. *"12 "Queridos amigos, no se sorprendan de las pruebas de fuego por las que están atravesando, como si algo extraño les sucediera. 13*

En cambio, alégrense mucho, porque estas pruebas los hacen ser partícipes con Cristo de su sufrimiento, para que tengan la inmensa alegría de ver su gloria cuando sea revelada a todo el mundo." (1 Pedro 4:12-13)

El apóstol Pablo escribe a los tesalonicenses diciéndoles que les envió a Timoteo *"para que los fortaleciera, los alentara en su fe, 3 y los ayudara a no ser perturbados por las dificultades que atravesaban; pero ustedes saben que estamos destinados a pasar por tales dificultades." (1 Tesalonicenses 3:3).*

Esta forma divina de ver la vida debemos enseñarla, y todo cristiano debe aprenderla para que deje de ver el sufrimiento como algo despreciable y destructivo, y comprenda que todo esto es temporal, y que todo pasará porque nosotros tenemos una perspectiva eterna. Pablo escribe: *"17 Así que como somos sus hijos, también somos sus herederos. De hecho, somos herederos junto con Cristo de la gloria de Dios; pero si vamos a participar de su gloria, también debemos participar de su sufrimiento. 18 Sin embargo, lo que ahora sufrimos no es nada comparado con la gloria que él nos revelará más adelante." (Romanos 8:17-18)*

Es una bendición, y recibimos dirección, cuando somos aconsejados y entrenados por líderes sabios, líderes que explican la verdad, y que entregan no solo la perspectiva eterna que nos permite tener seguridad de que la gloria que Cristo nos revelará será inigualable, sino también la perspectiva y las soluciones temporales que nos permiten saber manejar el sufrimiento bíblicamente.

Nadie puede hacer lo correcto sin tener la información correcta. Los cristianos deben entrenarse para enfrentar la vida, para tomar decisiones correctas, evitar sufrimientos y saber confrontarlos cuando llegan, aun sin merecerlo. Muchos cristianos agravan sus crisis y extienden o perpetúan su sufrimiento, por no saber cómo enfrentarlo. Una mujer que llega al conocimiento del evangelio en busca de paz porque está siendo maltratada, y después de 3 u 8 años en la vida cristiana, sigue siendo maltratada; no ha entendido su responsabilidad. Si ella cree que solo debe orar y esperar, u orar y decretar que su marido cambie, está perpetuando el sufrimiento, porque no tiene conocimiento bíblico para saber cómo enfrentarlo.

Estoy convencido de que Dios tuvo un propósito para sacarnos de los templos durante la pandemia, pues allí muchos no habían aprendido a vivir la vida cristiana en todas las áreas de su vida. Muchos estuvieron encerrados orando, cantando, danzando, sirviendo, ayunando, pero no recibieron enseñanza sobre cómo disciplinar a sus hijos, cómo enfrentar conflictos en su matrimonio, cómo trabajar con responsabilidad, cómo invertir con inteligencia, cómo gastar con sabiduría y cómo ahorrar con excelencia.

Muchos no recibieron entrenamiento para manejar su sexualidad, sus conflictos y sus enfermedades, y al ser expulsados de los templos por el virus y enviados a sus hogares a encerrarse, muchos no supieron cómo vivir en familia. Muchos no supieron cómo enfrentar la crisis, porque sus líderes no se prepararon para entrenar a los creyentes bíblica y profesionalmente, no dieron cursos sistemáticos bíblicos y profesionales, o en las congregaciones cuyos líderes sabios ofrecieron entrenamiento, algunos nunca asistieron a los cursos ofrecidos. Muchos estaban dispuestos a pagar por cursos de cocina, jardinería, pagar por canales de cable, el más moderno celular, o para salir a comer en restaurantes, pero no quisieron dedicar tiempo, e invertir dinero para aprender a vivir, y para practicar el manejo del sufrimiento, y convirtieron a los pastores en cantores de amores, pero no estaban viviendo la verdad.

Principio para recordar:

"Asegúrese que conoce la voluntad divina en forma acertada en vez de las sugerencias, opiniones u órdenes bien intencionadas, pero que se realizan sin la interpretación bíblica apropiada."

Ya le advertí que es un serio error buscar consejo de cualquier persona, solamente porque es cercana, pero que no está preparada bíblicamente para ofrecer consejería bíblica. Pero también, le he aconsejado que no rechace abrir su corazón a personas amorosas, sabias y prudentes, no con la intención de recibir orientación sino para que le acompañen por medio de su oración. Más bien comparta con quienes pueden apoyarle con sus oraciones. Si los problemas de su vida le están impidiendo funcionar bien, o si se siente abrumado, buscar ayuda profesional es esencial, y puede marcar una gran diferencia. Y si tiene problemas, sepa que no está solo, hay muchas personas que sufren, pero no todas son sabias para buscar ayuda, usted sea sabio.

Así como cuando se daña una cañería de su casa busca un plomero, o cuando se daña su automóvil busca un mecánico; no dude en buscar un consejero bien preparado, cuando necesite ayuda. Un consejero puede ayudarle a: desarrollar planes para resolver problemas, entregarle soluciones que no ve, y por lo cual se siente impotente. Un líder bíblico y profesional puede ayudarle para que cambie comportamientos inadecuados, y abandone las respuestas que son perjudiciales, y prolongan o perpetúan sus problemas; puede ayudarle a sanar dolores y traumas del pasado, que le están afectando e impidiendo tomar decisiones correctas.

Los consejeros bíblicos comprenden que el sufrimiento involucra a todo el ser de la persona: cuerpo, alma y espíritu; y deben saber cuándo es esencial tratar todo el ser y no solo el espíritu. Deben entender que el miedo, el estrés, la culpa y otros tipos de reacciones, que provocan angustia emocional, forman parte del sufrimiento y son síntomas reales, tal como son reales los síntomas físicos.

El que sufre busca herramientas en su mente, y si no encuentra recursos archivados en ella, se siente frustrado. Quien sufre tiene expectativas de lo que puede hacer Dios, pero a veces tiene su confianza en promesas que aparecen en la Biblia, pero que no se aplican a su persona y situación. El consejero debe saber, y también el que sufre, que su integridad está siendo amenazada y que, si no puede salir bien del sufrimiento o enfrentarlo bien, es porque a pesar de sus buenas intenciones y de su fe, el que sufre no tiene el conocimiento ni las herramientas para enfrentarlo.

Nuestro deber, como consejeros, es dirigir a quienes sufren, para que comprendan que el sufrimiento, no en todos los casos, es un acto de disciplina divina; pero siempre es un llamado al discipulado, a aprender a ser humildes, someternos a los designios, y buscar los caminos y las soluciones del Dios soberano. La persona que sufre debe tener la determinación de entender que el sumo sacerdote, experimentado en quebrantos, conoce sus debilidades, que es el Salvador que conoció el dolor, que eligió el sufrimiento para nuestro contentamiento, que eligió sufrir la muerte para que nosotros pudiéramos vivir. Debe recordar que el Señor no solo comprende las necesidades que tenemos, sino que tiene respuestas para todo sufrimiento, aunque su respuesta no sea la que nosotros esperamos. Pero debe entender que cuando la respuesta es divina, es buena, no falla, y será la mejor para nuestra vida.

Los consejeros cristianos debemos ser amigos de los que sufren, no debemos condenarlos, debemos utilizar los mandamientos recíprocos para guiarlos, apoyarlos y acompañarlos con el amor con que nosotros somos amados, pues al amarlos y discipularlos, ellos serán capaces de valorarse a sí mismos en términos espirituales, morales y éticos; y podrán experimentar la unidad con un líder que le ama y con el Cristo sufriente, y así triunfar junto con Cristo sobre el sufrimiento.

Esto de amarse unos a otros debemos entenderlo todos los cristianos; y no solo deben entenderlo los consejeros, sino también todos los que buscan consejería. Los aconsejados deben saber que fuimos creados para amar y ser amados; deben saber que los consejeros deben estar preparados para amar y guiar bíblicamente, y que ellos también deben aprender a amar tal como son amados.

El paciente debe buscar consejo con la intención de ser ayudado, y no solo para escuchar una opinión; debe buscar palabras de aliento y las directrices bíblicas, aunque sean órdenes difíciles de cumplir. La biblia ordena: *"Por tanto, alentaos los unos a los otros con estas palabras."* *(1 Tesalonicenses 4:18)* Recibir consejo, palabras de dirección y aliento puede ayudarle a afrontar los diversos desafíos de la vida, y vivir una vida más plena. Puede ayudarle a comprender lo que siente, por qué y cómo afrontarlo.

Si ha hecho su mejor esfuerzo, si ya ha utilizado todas las herramientas que tenía en su mente, y no ha podido enfrentar sabia y efectivamente su sufrimiento, la lógica le indica que debe buscar ayuda especializada. El buen consejero no aconsejará lo que quien sufre espera o quiere oír, aconsejará lo que la Palabra de Dios ordena, aunque duela y exija cambios radicales en la forma de enfrentar su crisis. Debe entender que el amor no solo se demuestra con la gracia que nos permite darle a la persona palabras de aliento, no solo con la misericordia para tener empatía y comprender su sufrimiento, sino también con otra expresión del amor que se llama justicia, y que nos obliga a dar el consejo bíblico sabio, bien estudiado, con respeto, pero directo; amoroso pero firme; y no basado en emociones humanas, sino en sabias convicciones bíblicas. Buscar consejo bíblico para enfrentar el sufrimiento es una sabia decisión que todo cristiano debe utilizar, pues cuando Dios permite el sufrimiento, éste tiene un propósito que debe ser comprendido. Si Cristo aprendió en el sufrimiento, nuestra obediencia nos permitirá enfrentar nuestros sufrimientos como Él quiere para que podamos vivir vidas de excelencia.

Principio para recordar:

"Solo podemos salir mejores de los sufrimientos que Dios soberanamente nos permite vivir, si practicamos los consejos recibidos de consejeros sabios, íntegros, y que saben cómo interpretar la verdad divina, y aplicarla sabiamente a toda necesidad humana."

Conclusión

Los no cristianos y los religiosos no creen en el Dios de la maravillosa revelación bíblica, que nos brinda guía, soluciones y esperanza; los no cristianos y los religiosos, o no creen en Dios, o creen en el Dios de su falible imaginación humana. En contraste, los hijos genuinos de Dios, no confiamos en nuestras fuerzas, conocimiento o poder; nosotros asumimos nuestra responsabilidad siguiendo el consejo de líderes que interpretan bien la Biblia y la guía del Espíritu Santo. Solo así podemos prevenir sufrimientos, y enfrentar los sufrimientos que nos acosan por nuestros pecados, por el pecado de otros, por las catástrofes y enfermedades naturales, o por los errores y las imprudencias personales. Los cristianos maduros confiamos en Dios, aceptando que Él es soberano, que permite todo sufrimiento, y provoca algunos, siempre para nuestro bien y para que aprendamos lecciones, adquiramos conocimiento y herramientas, que de otra forma no hubiéramos obtenido; y así enfrentar con sabiduría y fortaleza los siguientes sufrimientos que inevitablemente llegarán a nuestra vida.

Los cristianos inmaduros creen que todo lo pueden controlar; y con esa idea en mente, e ignorando los principios divinos, quieren manejar sus sufrimientos. Ellos creen que, con oraciones y simples declaraciones, o decretos de fe, pueden decirle al Dios soberano que siga las órdenes de irresponsables humanos. Los cristianos inmaduros quieren decretar un año de bendiciones cuando están viviendo crisis financieras debido a sus propias malas decisiones. Las mujeres inmaduras quieren orar y pedirle a Dios que cambie al marido abusador, cuando ellas son cómplices del abuso por no enfrentar al abusador con las herramientas bíblicas y legales.

Los cristianos maduros cumplen sus obligaciones siguiendo principios bíblicos, asumiendo su responsabilidad en lo que corresponde, en lo que es posible, y con fe entregan lo imposible en las manos del Dios que cuando lo decide, hace que lo imposible sea posible. No podemos evitar los sufrimientos, pero sí podemos elegir de qué manera vamos a reaccionar cuando lo enfrentemos. Quienes se someten a Dios, actúan conforme a su soberana voluntad, y evitan la amargura, la ira y el resentimiento; y con la guía divina podrán salir mejor de todo sufrimiento.

Dios no quiere que fracasemos cuando enfrentamos la prueba, ni quiere que actuemos mal como respuesta al sufrimiento que experimentamos. Sin importar la causa de nuestro sufrimiento, si actuamos como Dios ordena, no solo podemos pasar por el fuego de la prueba, no solamente podemos pasar por el dolor que produce todo sufrimiento, sino que, por la gracia de Dios, su protección y cuidado, y nuestra obediencia, podremos salir mejores y dar otro paso hacia la excelencia.

Nuestro deber es dar todos los pasos bíblicos más sabios para hacer la voluntad de Dios, aun en medio de las difíciles experiencias dolorosas, y confiar totalmente en el Dios que nos ama, y que nunca hace nada para nuestro mal.

Cuando David Livingstone regresó a su Escocia natal, después de haber estado dieciséis años como misionero en África, no era el mismo que había dejado su tierra. Era un hombre con más fe que nunca, a pesar de que su cuerpo no era el mismo, y estaba demacrado por los estragos de 27 fiebres que lo habían afectado durante los años de su servicio misionero. Su espíritu era más fuerte, su mente era positiva, aunque su cuerpo no era el mismo, pues su brazo izquierdo colgaba inútilmente a su costado, porque había sido lacerado por un león; pero su espíritu era inquebrantable, por eso cuando estuvo en la Universidad de Glasgow, dijo: "¿Debo decirles qué me sostuvo durante las dificultades y la soledad de mi exilio? Fue la promesa de Cristo: *'He aquí, yo estoy con vosotros todos los días, hasta el fin'*". Luego agregó: "Esta es la palabra del caballero de honor más estricto y que tiene un honor sagrado, así que sí, verdaderamente existe un final".

Leí una antigua historia sobre un médico, que era el único cirujano disponible para operar a su hijo que estaba muy enfermo. El padre sabía que el procedimiento le causaría un dolor intenso a su hijo, pero era la única forma de salvarle la vida. El padre sabía que el hijo no entendía por qué su padre le estaba haciendo ese daño en el cuerpo, al ejecutar ese procedimiento; y trató de explicarle al niño diciéndole: "Puedo hacerte doler, pero nunca te haría daño". La dolorosa cirugía salvó la vida de su hijo.

Los chinos tienen un proverbio que dice: "La gema no puede pulirse sin fricción, ni el hombre perfeccionarse sin pruebas". Santiago dice: *"2 Amados hermanos, cuando tengan que enfrentar cualquier tipo de problemas, considérenlo como un tiempo para alegrarse mucho 3 porque ustedes saben que, siempre que se pone a prueba la fe, la constancia tiene una oportunidad para desarrollarse. 4 Así que dejen que crezca, pues una vez que su constancia se haya desarrollado plenamente, serán perfectos y completos, y no les faltará nada."* (Santiago 1:2-4)

El dolor aparece en todo cuerpo y en toda relación. Ya sea por angustia, por una decepción en el noviazgo, el dolor de un divorcio no buscado ni esperado, o por el dolor de muelas, o un hueso roto, todos luchamos con un dolor inevitable en algún momento de nuestras vidas.

En medio del sufrimiento parece que no existe pasado ni futuro, pues nuestro enfoque es el dolor presente. Tendemos a tocar las áreas de dolor, a presionar para tratar de resistir, pero la resistencia crea más dolor. Un músculo tenso siente más dolor, una mente molesta, resentida y que rechaza la voluntad divina, provoca más dolor.

A menudo pensamos que contener la respiración, sofocar nuestras lágrimas y nuestras palabras de agonía, nos hará más fuertes. De hecho, ocurre todo lo contrario. Nuestro cuerpo libera bioquímicos y hormonas en respuesta al dolor, tanto físico como emocional. Expresar nuestro sufrimiento a quien lo entiende, abrir nuestro corazón a Dios omnisciente, aquel que lo conoce todo, y que está listo a socorrernos, es esencial. Escuchar su voz en la oración cuando nos da calma; escuchar su voz cuando recibimos los consejos sabios de líderes bíblicos y profesionales bien preparados, y elegir una buena actitud, es saludable, y nos permite procesar estos químicos mucho más rápidamente. Quienes practican las artes marciales utilizan las vocalizaciones para enfocar la energía de un golpe; así debemos canalizar y liberar el dolor por medio de la oración. Los animales se sacuden, corren y chillan para liberarse de la intensa energía que genera el dolor. Podemos hacer lo mismo mostrando nuestra angustia y dolor a nuestro amoroso Señor. Es maravilloso y animador leer sobre testimonios de quienes pasaron por grandes dolores y salieron mejores, es decir, desarrollaron la resiliencia que Dios espera que todos sus hijos desarrollen.

Elisabeth Elliot escribe sobre el sufrimiento, porque la acompañó en algunos momentos de su vida. Su primer marido, Jim, fue asesinado por los indígenas Waoroni en Ecuador. Elliot, Ed McCully, Roger Youderian, Pete Fleming y su piloto Nate Saint usaron un avión Piper PA-14 para comunicarse con los Huaorani o Aucas, por medio de un altavoz, y así repartían regalos. Después de varios meses, construyeron una pequeña base a poca distancia del pueblo, cerca del río Curaray. En cierto momento se acercó un pequeño grupo de Aucas, y llevaron a Naenkiwi, uno de los indígenas, a un paseo en el avión. Hicieron planes para visitar a los Waoranis después de este amistoso encuentro, pero un grupo de unos 10 guerreros Waoranis, mataron a Elliot y sus cuatro compañeros el 8 de enero de 1956.

Elisabeth Elliott quedó viuda, y con mucho dolor continuó su vida, y eligió un segundo marido, el mismo que años después murió de cáncer. Elisabeth conocía bien el sufrimiento de su Maestro; quien era objeto de su amor. Esta verdad la llevó a decir: "Lo que sea que esté en la copa que Dios me está ofreciendo, ya sea dolor, pena y sufrimiento, junto con muchas más alegrías, estoy dispuesta a aceptarlo porque confío en Él".

Elisabeth sabía que el sufrimiento no era en vano; y lo comprobó porque vio el resultado que Dios permitió. En la biografía de Jim Elliot, Wikipedia dice: "La revista Life publicó un artículo de diez páginas sobre la misión y la muerte de Elliot y sus amigos. Después de su muerte, su esposa Elisabeth Elliot y otros misioneros comenzaron a trabajar entre los Waoranis, donde continuaron con la labor evangelística. Más tarde publicó dos libros, Shadow of the Almighty: The Life and Testament of Jim Elliot (Sombra del Todopoderoso: La vida y el testamento de Jim Elliot), y Through Gates of Splendor (Portales de Esplendor), que describen la vida y la muerte de su esposo. En 1991, se creó la Escuela Cristiana Jim Elliot en Denver, Colorado. En 1997, se fundó la escuela secundaria cristiana Jim Elliot, en Lodi, California.

Las enseñanzas de Elisabeth Elliot, sin duda, tienen la autoridad para guiarnos en las temporadas de sufrimiento, y al finalizar mi libro, le comparto 10 lecciones claves, que nos enseña Elisabeth Elliot en su libro "Sufrir nunca es en vano":

1. "El sufrimiento tiene un propósito"
El sufrimiento no carece de sentido. Dios puede usarlo para refinar, fortalecer y acercar a las personas a Él.

2. "Confianza en la soberanía de Dios"
Incluso en medio del dolor, confiar en que Dios tiene el control y tiene un plan, puede traer paz, sabiendo que nada sucede fuera de su voluntad.

3. "El dolor puede conducir al crecimiento"
Las pruebas a menudo conducen al crecimiento personal y espiritual, enseñando lecciones valiosas, que la comodidad o la prosperidad no pueden proporcionar.

4. "El sufrimiento revela la fe"
Las dificultades ponen a prueba, y revelan la profundidad de la fe de uno, mostrando dependencia de la fuerza de Dios, en lugar de la capacidad personal.

5. "La aceptación trae paz"
Aceptar el sufrimiento como parte de la vida, en lugar de resistirlo, trae paz y una comprensión más profunda del propósito de Dios.

6. "La presencia de Dios en el dolor"
Incluso en momentos de desesperación, Dios siempre está presente, ofreciendo consuelo y fortaleza para soportar las dificultades.

7. "El sufrimiento puede acercarnos más a Dios"
En tiempos de sufrimiento, la confianza en Dios se profundiza, fomentando una relación más cercana e íntima con Él.

8. "Gratitud en medio del sufrimiento"
Practicar la gratitud, incluso en medio de las dificultades, cambia la atención desde el dolor, a las bendiciones que quedan.

9. "Esperanza más allá del presente"
El sufrimiento es temporal, y no define el futuro. La esperanza en las promesas eternas de Dios trae fuerza para perseverar.

10. "El poder de Dios se perfecciona en la debilidad"

La debilidad humana, durante el sufrimiento, permite que el poder de Dios se muestre plenamente, mostrando que su gracia es suficiente.

Las reflexiones de Elisabeth Elliot en este libro muestran que, si bien el sufrimiento es doloroso, puede tener un profundo significado espiritual, acercando a los creyentes a Dios, y revelando su propósito para sus vidas." (Sufrir nunca es en vano. Copyright©2020. Elisabeth Elliot Gren. B&H Publishing Group Nashville, TN 37234)

Paul David Tripp, en su libro Suffering: Gospel Hope When Life Doesn't Make Sense, en las páginas 22 y 23 escribe algo que no puedo imitar. Ponga atención a su declaración:

"El sufrimiento nunca es abstracto, teórico o impersonal. Es real, tangible, personal y específico. La Biblia nunca presenta el sufrimiento como una idea o un concepto, sino que lo presenta en el drama de la sangre, y las entrañas de las experiencias humanas reales. Cuando se trata del sufrimiento, las Escrituras nunca son evasivas ni cosméticas en su enfoque. La Biblia nunca minimiza las duras experiencias de la vida en este mundo terriblemente quebrantado y, al hacerlo, la Biblia nos obliga a salir de nuestra negación, y a acercarnos a la honestidad humilde. De hecho, la Biblia es tan centrada en el sufrimiento, que reconoce historias que son tan extrañas y vertiginosas que si fueran un vídeo de Netflix probablemente no lo verías.

La Escritura nunca menosprecia al que sufre, nunca habla de su dolor, nunca hace oídos sordos a sus gritos, ni nunca lo condena por su lucha. Presenta, al que sufre y a un Dios que comprende, que se preocupa, que nos invita a acudir a Él en busca de ayuda, y que promete algún día poner fin a todo sufrimiento, de cualquier tipo, de una vez por todas. Debido a esto, la Biblia, si bien es dramáticamente precisa sobre el sufrimiento, es al mismo tiempo gloriosamente esperanzadora. Y no es solo que la Biblia cuente la historia del sufrimiento de manera honesta y auténtica; también nos da esperanza concreta y real."

Maravillosa declaración, que nos anima a buscar la respuesta al sufrimiento, siempre en las páginas de la única regla de fe y conducta.

"Nadie está libre del sufrimiento. Sufrir solo negando la existencia, o la guía y ayuda de Dios, es elegir una vida de tormento. Evitar sufrimientos evitables es de sabios, buscar, crear o mantener los sufrimientos es de necios. Pasar los sufrimientos movidos por el poder de Dios, pasar confiados en sus sabias promesas, comprendiendo sus principios y mandamientos, y obedeciéndolos con excelencia, es la única respuesta que Dios espera, y que desarrolla nuestra resiliencia, es decir, la capacidad de salir mejores de las pruebas y sufrimientos, y con sabiduría aprender a enfrentar los próximos sufrimientos, que no podemos evitar."

Bibliografía

-Waling with God Trough Pain and Suffering.
TimothykLeller.
Penguin Random Books.
Copyright©2013 by Timotthy Keller.

-Sufrir nunca es en vano.
Elisabeth Elliot Gren.
B&H Publishing Group Nashville, TN 37234)
Copyright©2020.

-Suffering: Gospel Hope When Life Doesn't Make Sense.
Paul David Trip.
Publishe by Crossway. 1300 Crescent St. Wheaton, Illinois 60187.
Copyright©2018 by Paul David Trip.